노화와 영성

노화와 영성

2011년 10월 20일 초판1쇄 발행
2023년 09월 14일 초판2쇄 발행

지은이 | 이호선
펴낸이 | 이찬규
펴낸곳 | 북코리아
등록번호 | 제03-01240호
주소 | 13209 경기도 성남시 중원구 사기막골로 45번길 14
우림2차 A동 1007호
전화 | 02-704-7840
팩스 | 02-704-7848
이메일 | ibookorea@naver.com
홈페이지 | www.북코리아.kr
ISBN | 978-89-6324-124-1(03330)

값 13,000원

* 이 도서의 국립중앙도서관 출판시도서목록(CIP)은 e-CIP홈페이지(http://www.nl.go.kr/ecip)와 국가자료공동목록시스템(http://www.nl.go.kr/kolisnet)에서 이용하실 수 있습니다.
(CIP제어번호: CIP2011004414)

노화와 영성

Aging and Spirituality

이호선 지음

북코리아

들어가는 말

바야흐로 노인시대이다. 압축적 고령화를 경험하며 빠르게 늘어나는 노인인구는 단연 21세기 최고의 화두이다. 노인인구가 급증하는 현상은 분명 지금 시기에 가장 두드러진 현상 중 하나일 것이다. 우리도 그 영향을 받고 있음은 물론이다. 연로하신 부모님, 친인척들, 연배가 있는 친구들. 그리고 내가 바로 늙어가는 당사자이기 때문이다.

노인 분야 연구들 덕에, 우리는 노화 과정에 관한 신체적 · 심리적 · 사회적 · 경제적인 면들을 보다 잘 이해하게 되었다. 그러나 아직도 기대여명이 늘어나면서 묻게 되는 심오한 질문들에 대해 만족할 만한 답은 얻지 못했다. 수명이 이 정도로 늘어나고 있다는 것은 무슨 뜻일까? 목적이나 의미에 대해 과학 기술이 이례적인 승리를 거둔 것일까? 마지막 삶을 의미 있고 즐겁게 사는 방법을 아는 이는 과연 어떤 이일까?

영적인 시각이 필요하다는 것을 가장 절박하게 느낄 때가 분명 이 때이다. 영성이라는 것이 삶의 다른 측면들과 서로 얽혀 있기 때문에, 영성에 대해 관심을 갖지 않고는 인간의 노화를 충분히 다룰 수 없다. 특히 그것이 의미와 관련이 있다면 더욱 그러하다. 실상 우리가 삶의 마지막 단계에 담긴 신비를 알아내지 못한다면, 우리 인생 여정의 다른 단계도 제대로 이해할 수가 없게 된다.

상담가이자 신앙인으로서, 나는 종교적인 차원에서 노년의 삶에 대해 고민스런 질문을 받고는 한다. 이 책은 그 주제에 대한 내 고뇌의 결과들을 적은 것이고, 그 생각들은 모두 강단에서 가르치고 현장에서 상담을 해오면서 여러 어르신들과 나눈 대화 속에서 정련된 것들이다. 나는 이 시기의 몇 가지 중요한 경험들, 즉 기억과 추억, 의존과 독립, 사랑과 우정, 상실과 죽음, 그리고 부활 등에 관한 크리스천들의 관점을 살피려고 한다. 이 책은 어르신들과 그 친구들, 그리고 그 가족들 모두를 위한 것이다. 또한 이 책은 어르신들과 함께 일하는 사람들을 위한 자료이자 동시에 자신의 노화 과정 속에서 영적인 기회를 찾고자하는 이들을 위해서 쓴 것이다. 이 책은 기본적으로 종교생활이 생의 마지막 시기를 변화시킬 수 있다는 믿음에 기초한다.

어르신들과 함께 연구하고 상담을 하는 것은, 필자에게는 축복이었고 삶을 완전히 바꾸어버린 일이었다. 그분들이 노년기의 고통과 고뇌, 그리고 번민을 잘 보여주셨기 때문이다. 그리고 노년기의 풍성함과 아름다움, 긍정적 가치들을 보여주신 것 역시 어르신들이었다. 마지막으로 그분들 덕에 어르신들 간에 존재하는 다양함, 일반적 신화들을 깨뜨려버리는 다양한 삶의 자리가 있다는 통찰을 얻을 수 있었다. 필자는 가족, 친인척뿐 아니라 사회생활을 함께 하는 분들, 그리고 필자의 내담자들과 요양소에 계신 분들까지 폭넓게 그분들의 삶을 그려내고자 하였다. 사생활을 존중하는 의미에서 가명을 사용하였으며 일상의 세세한 부분들은 변경하였다. 이 책의 대부분이 그분들의 공헌이기에 고개 숙여 깊이 감사드린다.

노년기에야 비로소 기독교의 핵심적인 내용인 죽음과 부활의 주제에 맞닥뜨리게 된다. 이 두 문제는 사람들이 인생의 겨울에 하나님의 놀라운 은총을 발견하고 그 은총을 우리 모두와 나누는 신비로운 삶, 바로 그 속에 들어 있다.

저자 이호선 씀

CONTENTS

1

늙는다는 것 그리고 영성

노화에 대해서는 애매한 점이 참으로 많다. 쇠퇴의 길로 봐야 할 것인가 아니면 제2막, 2모작으로 봐야 할 것인가? 인생을, 중년기에 정점까지 올라갔다가 죽음의 비탈을 타고 내려오는 그림으로 그리는 게 과연 옳을까? 노화를 힘써 막아내야 할까, 아니면 공경하고 배워야할 것으로 여겨야 할까? 현대 의학은 노화를 어쩔 수 없는 생리적인 쇠퇴현상이라고 보고 있다. 사회과학 역시 노화 과정에서 인간은 사회적으로 소외되고 수입이 감소하며, 타인들에 대한 의존이 증가한다고 말하고 있다.

그러나 최근 노년학자들은 노화에 대한 이런 부정적인 해석에 대해 고개를 저으며, 실상 노년기가 생애 최고의 시기가 될 수 있다는 점을 보이고 있다. 노년기에 건강과 경제적인 안정만 보장된다면, 우리는 활동적이고 독립적이며, 사회적으로나 직업적으로도 충분히 살 만할 것이다. 혹자는 노화가 가지는 긍정적인 가치들을 강조하는 한 방법으로 '중년기의 연장'에 대해 말하기도 한다. 노년기에도 여전히 삶의 창조적이고 생산적인 힘을 볼 수 있다는 것이다. 노화가 질병이나 상실을 반드시 짊어질 필요가 없다는 것을 강조하는 노력 때문인지, 그런 긍정적인 연구물들을 곱씹다보면, 가끔씩은 노인이라는 것이 어떤 존재인지 헷갈리게 되는 순간이 오기도 한다.

노인들을 만나며 고민하고 살아가는 내가 보기에, 나이를 먹는다는 사실을 과소평가 혹은 과대평가한다든지, 노인 스스로가 중년이나 젊은이들처럼 보이려고 한다면 노화를 이해하기는 틀린 것이다. 먼발치에서 젊은이가 바라보는 노인이란, 외부에서 서성서리며 더디고 돈도 없고 단연 고집불통이다. 게다가 외모는 말할 것도 없다.

그러나 모든 노인들이 노인 냄새가 나고, 구부러진 허리에 짧은 파마머리, 붉은색 낡은 옷차림을 하고, 폐지 리어카를 끌고 다니는가? 요즘 많은 노인들이 직업도 있고, 배움으로 무장하고, 새로움에 도전하며, 정열적이고 독립적이기도 하다. 이미 성공적 노화(successful aging)라는 영역에서 많은 긍정적 결과들이 새로운 결과들을 보여주고 있다. 세련된 옷차림의 노인들이 여전히 사회 속에서 활약하면서 다음 세대들에게 선망의 대상이자 부러운 경쟁자로 자리매김하고 있다는 것을 알고 있다. 현재 70대와 80대인 노인들은 현역에서 물러나 젊은 세대들에게 뒷방 늙은이로 남아 있을 수도 있다. 그러나 기억할 것은 그들은 자신들이 아직도 가치 있는 사람이며, 자녀들과 손자·손녀들에게 사랑과 존경, 칭송을 받을 자격이 있는 사람들이라는 점이다.

실상 노화는 내리막길이자 오르막길이며, 상실이자 수확이다. 노화는 아동기, 청소년기, 중년기, 노년기를 포함하는 생애 주기의 모든 단계에 있는 성장과 발달의 일부이기 때문이다. 최근 평생교육에 대한 관심이 높아지고, 노년기 삶에 대한 재평가가 시도되면서 노년기가 더 이상 쇠퇴가 아니라 발달의 연장선상에 있다는 것은 이미 진부한 지식이 되었다.

그럼에도 불구하고 시간은 탄생의 기초이자 죽음의 시작이다. 인간은 변화하고 적응하다가, 이제 살 만하면 시간 앞에 무릎을 꿇고 만다. 우리의 앞 세대들은 한순간의 전진을 위해 어느 시점에서 모든 것을 내려놓아야 한다는 점을 격언으로 남겨놓았다. 그 내려놓는 순간은 마치 허물을 벗듯 우리를 새로운 피조물이 되게 하며 우리 존재의 근원에 대한 통찰을 준다. "아하!" 하며 통찰의 순간을 경험하는 것이다. 그런 면에서 그리스도인들에게 노화는 역설이다. 새로운 존재로, 그리고 새로운 통찰로 나약함이 강함으로, 공허가 충만으로 변화하기 때문이다. 곧 죽음은 새로운 삶을 의미하게 된다. 노년기 영성은 잃는 것이 곧 얻는 것이 되는 그 비밀을 알려준다. 인생의 후반기 삶을 자유와 새로운 삶으로 재해석하도록 새로운 세계관을 제공하고, 종국에는 '늙는 축복'을 가슴으로 느끼도록 해준다.

늙는 축복

인생의 사계절 중 노년기는 겨울이라고들 말한다. 다니엘 레빈슨이 말하는 인생의 겨울은 물론 상실의 계절이다. 봄날엔 꽃이 피고, 여름날 잎이 무성해지고 이내 낙엽으로 떨어진다. 찬바람이 불어오면서 나무들은 벌거숭이가 되고 뼈대를 앙상하게 드러낸다. 겨울에 세상은 모든 것을 잃는다. 그러나 이런 앙상함만 남는 그 상실의 경험으로부터 얻는 선물이 있다. 고훈 시인의 노래처럼.

나는 지지 않고 춤추고 있습니다.
그분은 내게 뿌리를 주셨고 날개를 주셨습니다.
이제야 비상하는 환희, 탈출하는 자유여.
무엇인가 해보면 여러 번 실수할 수 있으나
아무것도 안 하는 것은 영원히 실수하는 것입니다.

언젠가 어두웠던 만큼 내일은 더욱 밝을 것이기에
지난날 아픔의 옷 벗어버리고 나목의 꿈을 꾸십시오.
사랑하는 이여,
지금은 우리가 더 많은 희망으로 몸부림칠 때입니다.

- 고훈, 〈낙엽〉 중에서

겨울은 여름이 감춘 것들을 모조리 드러낸다. 처음엔 보지 못했던 나무 뒤의 전경을 더 멀리까지 그려내고 더 분명하게 보게 된다. 여름과 가을날의 덩굴과 잎사귀들이 막아버렸던 오솔길이 열리면서, 우리는 다른 계절에는 엄두도 못 낼 길을 걷게 된다. 그 길 위에 내밀(內密)의 삶과 삶의 각성이 있다. 꽃봉오리의 껍질 아래에는 액즙이 숨어 흐르고, 봄색이 벌거벗은 겨울을 색 입힌다.

겨울, 그 노년의 은총은 무엇일까? 은총이라는 말은 많은 의미를 가지고 있다. 그리고 그 의미의 수만큼 노년기의 축복도 헤아릴 수 없이 많다. 아름다움은 은총이다. 노인의 걸음걸이를 보면 그 은총을 볼 수 있다. 그 늦은 걸음걸이, 역시 젊은 시절의 속도와는 비교할 수 없이 느리다. 하지만 그것은 새로운 아름다움, 즉 경험에 의해 정련된 아름다움, 사물을 둘러보며 포용하는 여유를 갖는다. 빠른 걸음으로는 결코 볼 수 없는 것들이 있다. 벌어지는 꽃봉오리, 변해가는 낙엽의 색, 굵어져가는 열매, 옆집 대문의 녹슨 경첩.

우아함과 따스함은 노년기 은총의 또 다른 측면이다. 노년기는 사랑을 품는 때이며, 연민을 느끼는 시기이다. 삶을 관조한다고 하던가? 다른 사람에 대한 선의와 사려 깊은 태도를 갖는 시기이다. 누구나 받게 되는 죽음의 선물이 앞에 놓일 때, 남아 있는 시간이 얼마 되지 않는 그때, 바로 그 시공간이 바로 은총의 계절이다. 은총은 혼자 즐기며 홀로 심취하는 이기적인 경험이 아니다. 은총은 나 그리고 나와 더불어 사는 사람들과 함께 경험하게 된다. 노년기에 받는 은총은 우리 모두의 삶 속에 가닿는다. 노인이 아니라면? 노인들과의 접촉이 그들에게는 은총을 경험하는 통로가 된다.

다른 수준에서 보면, 은총은 '오시는 하나님' 경험이다. 하나님이 인간의 삶 속에 오셔서 우리에게 과분한 사랑과 호의를 베푸시는 것이다. 겨울의 은총은 단순히 더 열심히 노력하라는, 그런 것이 아니다. 지금까지 노력해서 이루어온 것들이 주마등처럼 지나가고 나면, 나의 노력을 넘어서는 무엇인가가 다가온다. 그것은 신의 은총이며, 따라서 이 은혜는 늘 어떤 식으로든 다른 모양으로 드러난다. 노년기의 은총은 마치 생명이라는 선물이 죽음의 세력과의 투쟁에서 나오듯 그리스도의 은혜의 모양을 하고 나타난다.

노인들의 삶 속에서 은총이 어떻게 나타나는지를 보면 겨울의 은총의 의미가 무엇인지를 분명하게 알게 된다. 2002년 겨울을 넘기면서 다큐멘터리로 유명해진 사람이 있다. 그는 쇠약할 대로 쇠약해진 상태에서도 맨발로 지하철을 돌아다니며 복음을 전한 것으로 유명한 '맨발 할아버지' 최춘선 목사이다. 최 목사의 맨발과 비루한 차림은, 사람들이 그의 말에 귀를 기울이기는커녕 정신병자나 걸인으로 취급하게 했다. 최 목사의 외모는 '충분히' 그의 짧은 말의 영향력을 약화시켰을 것이다. 그러나 그 사람 속에 들어가 그를 만나면, 그의 외모와 그의 힘없는 음성이 도리어 그의 말과 그 내용을 강화시킨다. 최춘선 목사는 동경대학에서 공부하고 우치무라 간조에게 수학한 일명 엘리트 출신이다. 한국전쟁 후 그는 고아들을 돌보는 것, 아는 바를 전하는 것, 그리고 사람들을 사랑하는 것으로 그의 삶을 불태웠다. 배움이 그의 삶을 더 빛내지 못했고, 그의 그 많던 재산이 그의 신념을 넘보지 못했다.

기도의 응답으로
하나님의 축복으로
세상에 부러운 사람이 없고
무서운 사람이 없고
보기 싫은 사람이 없고
얼마나 감사한지요….
부러운 것, 부러운 사람이 없는 사람은 법률 없이 일등 부자예요.
미운 사람이 없는 사람은 세상의 일등 권세예요.
…
세상 왕들의 억만 배 권세예요.

최춘선 목사는 자신의 말을 듣고 있는 사람들에게 은총과 힘의 원천이 되었다. 최 목사를 움직이는 힘은 무엇인가? 내려놓음, 그 약함에서 나오는 사랑의 강인한 축복, 그것! 바로 노년기의 은총이다.

최춘선 목사가 만년에 보여준 이 역설의 힘은 고단했던 삶을 그림 속에서 빛으로 밝혀내었던 네덜란드의 화가 렘브란트에게도 있다. 그는 한때 자신이 늙었을 때의 삶을 예시하면서 노인 그림을 그렸다.

알려진 것처럼 렘브란트는 참으로 많은 자화상을 그렸다. 그중 렘브란트의 노년을 보여주는 그림이 있다. 〈제욱시스로 분한 렘브란트〉에서 제욱시스는 곧 렘브란트였다. 그는 한 손에는 책을 들고 있는데, 망토 깃 밑으로 단검의 손잡이가 보인다. 그는 무엇인가를 묻는 듯 또는 물으면서도 그 대답을 넘겨짚은 듯한 눈초리로 우리 쪽을 바라보고 있다. 그 눈초리는 노경에도 날카로움을 잃지 않고 있다. '아직도 나에게 예언하는 힘이 있고 산을 움직일 수 있는 신앙심이 있더라도, 거기에 사랑이 없으면 모든 것이 있는 것만 못하다.'라는 바울 선생의 웅변을 스스로 터득한 것인지…. 그가 남긴 마지막 자화상은 그의 죽음의 해인 1669년의 것이다.

1669년 웃고 있는 제욱시스의 얼굴에 담긴 채 렘브란트는 사망했다. 그러나 노년기의 개인적 불행에도 불구하고 렘브란트는 삶과 죽음을 화폭에 담아내며 마지막까지 창작력을 이어갔다. 생의 후반기에 지겨울 정도로 쫓아다녔던 경제적 고통과 질병 앞에 당당히 서서, 그는 속박에서 자유로, 소심함에서 담대함으로 옮겨갔다. 이렇듯 한계상황의 한가운데에서 발견하는 인간의 가능성에 대한 깨달음, 그것이 바로 겨울의 은총이다.

또한 겨울의 은총은 죽음에 직면한 삶을 긍정하게 할 수 있다. 2002년 세브란스 병원에서 CPE(임상목회훈련)를 받던 중 가슴이 저릿했던 적이 있다. 81세의 암환자였던 그분과 2개월에 걸쳐 매일 만나던 터라, 그 가족들과 친구들의 소소한 것까지 알 정도로 가까워졌다. 그분의 인생 이야기는 나의 매일의 일지였던 터, 임종은 갑작스럽게 찾아왔다. 임종을 몇 분 앞두고 호흡이 느려지고 의식이 어두워지기를 반복했다. 자고 깨기를 반복하고, 숨이 멎고 다시 쉬기를 몇 차례, 긴 숨을 들이쉬더니 가는 눈을 뜨고 아내를 찾았다. 그는 힘겹게 손을 들어 올려 아내의 손을 만지며 미소를 지었다. "당신은 내 전부였소. 고맙소. 당신을 사랑하오." 임종의 순간이었다.

노년기의 은총은 다른 모습으로 나타나기도 한다. 독일의 유명한 여성영화감독 도리스 되리(Doris Döri)의 작품 〈사랑한 후에 남겨진 것들〉은, 갑작스레 세상을 떠난 아내 트루디의 꿈을 찾아 떠나는 남편 루디의 가슴 시린 여정을 그리고 있다. 단둘이 여행길에 오른 루디와 트루디는 대도시에 사는 자녀들도 보고 바닷가도 거닐며 행복한 한때를 보낸다. 하지만 이내 남편 루디는 갑자기 찾아온 아내와의 이별을 맞이하게 되고, 떠난 아내에 대한 그리움은 시간이 흐를수록 점점 커져만 간다. 루디는 아내가 소망했던 것들을 찾아 홀로 일본으로 여행을 떠난다. 그리고 그곳에서 평소 아내가 꿈꾸던 일본춤 '부토'를 재현하며 아내에 대한 그리움을 춤으로 승화시킨다. 삶과 죽음 그리고 그리움의 경계에서 사랑을 찾아가는 여정, 그것 역시 노년의 은총이다.

노년기 은총의 아름다움은 늘 원하던 석사 학위를 위해 학교로 돌아간 61세의 여성 최은선 씨에게도 있다. 그녀는 60대에 남편을 잃고 상담전문가 과정에 입문해 부부싸움이 심한 신혼부부들을 돕고자 노력하고 있다. 또한 노년기 은총은, 심장박동기를 달고 만성질병을 세 가지나 달고 살지만 화통한 웃음으로 다른 이들을 보살핀 72세 호스피스 여성 김현숙 씨에게도 나타난다. 오전에는 말기암 환자들의 지난 추억을 들어주고, 오후에는 방과후 갈 곳 없는 아이들을 돌보며, 그들에게 삶의 아름다움과 단물 같은 이야기들을 들려준다. "여기 우리 애들은 제가 한 이야기를 줄줄 외우듯 기억하고 있어요. 정말 놀랍죠. 아이들은 나의 인생의 녹음기 같아요." 노년기 은총은, 꺼질 듯한 때에 더 큰 불꽃을 키우는 용기이다.

노인의 영성

노화에 대해 모호한 점이 많은 이유 중 하나는 우리가 그것을 지나치게 생물학적인 측면에서만 바라보기 때문이다. 노화와 노년기 발달에 대한 연구가 최근 몇십 년간 놀라울 정도로 많아지고 전문화되었다. 프로그램 이론이다, 마모 이론이다, 현대화 이론이다, 발달 이론이다, 참 많은 이론들이 인간이 왜 늙어가는가를 설명하기 위해 안간힘을 다하고 있다. 신체적 · 심리적 측면에 대한 숱한 실험과 연구들이 고집스럽게 노화를 설명하는 데 비해, 영적인 측면은 거의 황무지 상태이다. 여러 이론들을 통해 우리가 생각하는 노화에 대한 대략의 윤곽이 생겼다. 노화는 내리막길로 치닫는 것이고, 푸르던 생기가 꺼지고, 막을 수 없는 상처는 커지며, 마모되고 무너지고, 소외되고 상실하는 시기라는 것이다. 다행히도 이런 생각이 달라지고 있다. 기존의 학자들에게는 불행이겠지만 말이다. 최근 노화의 의미에 대한 논의 중 영적인 차원이 점차 부각되고 있기 때문이다.

그러나 '영적'이라는 말 자체가 많은 사람들에게 잘못 알려져 있다. 영성에 대한 한 가지 일반적 이해는 그것이 비물질적이며 육체적인 것이나 물질적인 것에 반대되는 것이라는 것이다. 과연 영적인 것이 신체와 무관한가, 과연 정서와 무관한가, 정말 관계와 무관한 이야기인가? 아니다. 인생을 구획화해 보면, 도리어 신체적 · 사회적 · 감정적 수요는 영적인 수요라고 불리는 영역과 함께 존재하는 것으로 보인다. 이런 영적인 삶은 대개 교회 가기, 기도, 종교적 헌신과 동일시되었다. 달리 말하면, 영적인 삶은 '내가 하나님께 드린 특별한' 부분, 일상적 삶과 구분되는 영역으로 여겨져 왔다. 그러나 오해다. 이것은 '영적'이라는 의미가 아니다.

영성은 일상에서 줄을 그어놓고 넘어가면 달라지는 그런 영역이 아니다. 삶 전반, 삶의 모든 측면의 저변을 이루는 가장 깊은 차원이다. 영적이라는 것은 우리의 호기심, 불안, 희망, 두려움, 그리고 사랑의 궁극적인 토대이다. 여기에는 노년기 삶을 창조적으로 영위하고, 가족 부양이 끝난 이후 삶의 목적을 구체화하려는 노력이 포함된다. 영성은 배우자를 잃었을 때의 혹독한 고통, 혹은 수십 년간 살아온 집을 옮길 때의 오랜 고민과도 관련이 있다. 자신의 가치와 존재를 묻는 질문과, 새로운 사람을 사귀고 새로운 환경에 익숙해질 때 생기는 두려움, 그리고 보편적인 인간애를 발견하는 것에도 관여한다. 크리스천의 영성은 맺고 있는 모든 관계 속에 존재하는 전인적인 인격을 포함하고 있다. 최근 일부 연구는 노인들이 삶에서 종교적인 지지가 이전보다 더 필요하다고 느끼면서도 교회 봉사는 덜 참여한다고 말한다. 물론 여기에는 많은 이유가 있다. 건강문제라든가 교통수단의 문제 같은. 그러나 내 눈에는 교회 봉사 역시 노인들이 직면하고 있는 실제적인 삶의 문제들을 덜어주는 것과는 거리가 먼 것 같다. 노인들은 신앙이 노화 과정 속에서 경험한 것들을 얼마나 잘 조명해주고 있는지를 알고 싶어 한다. 노년기의 영성은 노인들 존재 자체에서 시작되어야 한다.

노년기 경험을 설명하기란 쉽지 않다. 우선은 노화에 대한 정의 자체가 워낙 다양하기 때문에 하나의 구조로 규정하기가 어렵다. 먼저 '나이 먹는 일'에 대해서 말해보자. 많은 노인들이 자신들은 나이를 정신적인 개념으로 여긴다고 말한다. 즉 나이는 자신이 생각하고 있는 만큼 먹는 것, 느끼는 만큼 먹는 것이라는 것이다. 노인들이 지적하고 있는 것은 우리가 노인들에 대한 사회적인 이미지를 내면화하는 방식이 나이에 얼마나 의지하고 있는가 하는 점이다. 우리가 스스로를 구닥다리이고 쓸모가 없다고 여기기 시작하면, 우리는 거기에 따라 행동하게 된다. 사람들이 다양한 변화에 대응하는 방식은 즉각적이지 않으며 나이에 따라 맞이하게 되는 변화도 개인에게 즉시 나타나지는 않는다. 따라서 두 사람이 삶의 같은 단계에서 정확하게 동일한 변화를 경험하지는 않는 것이다. 우리는 정신적 · 신체적 · 감정적 능력 차원에서 동일하고 단일한 시간 속에서 각기 다른 나이를 살고 있다. 많은 신체적 · 사회적 · 경제적 변인들이 개인의 연령에 영향을 미친다. 50대와 60대 기간이 70대, 80대, 90대와는 전혀 다를 수 있다는 점이 분명해졌다. 이 점에 있어 우리는 편의상 65세, 75세를 나이 구분 기준선으로 하여 나누어보자. 미국의 발달심리학자 뉴가르텐은 55~64세를 '연소노인(young-old)', 65~74세를 '고령노인(old-old)', 75세 이상을 '초고령노인(oldest-old)'으로 나눈 바 있다. 연소노인은 대개 비교적 건강한 그룹으로 아직 자신의 집에서 살며 이웃이나 사회에서 활동을 한다. 그들은 대개 원기왕성하며 교육도 잘 받았고, 따라서 노인 연령에 대한 사회의 전형적인 이미지와는 상당히 다르다. 또한, 고령노인이라 해도 '여전히' 활기차고 원기왕성하며 성적 능력까지 좋은 노인들이 거리를 활보하고 있다. 스스로가 노인임을 인정하고 자신을 노인 부류로 포함시키는 '자각 연령'에 도달하기 전까지 노인은 없다. 그러니 같은 65세라도 한 사람은 노인, 다른 한 사람은 아직 노인이 아니다.

노년기를 일반화하기 어려운 이유가 또 한 가지 있다. 노인들에 대한 고정관념을 보자. 우리는 스스로 노인들을 잘 알고 있다고 생각한다. 그러나 개인 간의 다양성이 분명하게 나타나는 것을 보게 되면 인생을 달리 보게 될 것이다. 경험과 교육, 그리고 사회적으로 주어지는 기회에 대한 축적된 다양성을 가진 시기인 만큼 개성화도 분명하다. 나이를 먹어가면서 우리는 좀 더 스스로의 모습을 만들어 가고 보다 독특한 존재가 된다. 이것은 다른 사람들의 인생처럼 우리 삶의 영적 차원에도 충분히 적용된다. 종교가 노인과 죽음이라는 고정관념에 대한 마지막 영역이 된다고 해도 말이다. 노년기 영성은 독특하며 각자가 살아온 신앙 여정만큼 다양하다.

아마도 다른 요소들보다 더 영향력 있는 요소는 우리 사회가 노화의 경험을 왜곡해온 방식일 것이다. 시몬 드 보부아르는《노년의 도래(*The Coming of Age*)》에서 우리 문화에서 노화의 실체를 마주한다는 것은 존재의 전체 구조를 변화시키는 것을 말한다고 강조한 바 있다. 노화에서의 영성은 우리 문명에 있어 가장 심오한 가치에 대한 질문을 하게 한다. 만일 노화 과정이 점진적으로 우리에게 삶의 신비를 보여준다면, 그때 삶의 궁극적인 의미는 우리 문화가 규정한 속도나, 소비주의, 젊음, 성취, 신체의 아름다움에 있지 않다. 많은 노인들이 서 있는 현재 상황은, 늙으나 젊으나 비슷하겠지만, '상상력'이 병들어 있는 상태라고 설명할 만하다. 대개 노인들 스스로가 노령에 대한 부정적인 이미지를 사회가 주는 대로 받아들여왔고, 부적절하고 하찮은 이런 이미지를 안고 살기 시작한다. 노화에 있어 영성의 임무는 노인들과 젊은이들 모두가 갖고 있는 그러한 착각을 인간에 대한 새로운 시각으로 바꾸는 것이다. 그리고 이것은 노인들 자신이 사회가 규정한 바를 거부하고, 노년기에 대한 새로운 이미지를 자기 안에 구축할 때만 일어날 수 있다.

어르신들이 '늙으면 죽어야지' 한다지만, 1900년 이래 사반세기가 지나고 평균수명이 연장되었다는 점, 그리고 노인의 숫자가 증가할 것이라는 전망은 곧 희망 신호이다. 현대의 화두가 '행복'과 '성공'임을 논박할 사람은 거의 없을 것이다. 많은 노인들이 그건 틀린 말이라고 세력을 모아 주장한다면 이는 전례 없는 예언자적 힘이 될 수 있다. 그들이야말로 크리스천들로 하여금 인간으로서 우리의 가치가 '소비'와 '소유'에 달려 있는 것이 아니라고 천명하여 크리스천들의 고귀한 정체성을 되찾을 수 있게 할 수 있다. 노년학자들은 미래에 노인들은 수적으로도 더 많아지며, 더 건강하고 더 교육을 많이 받은 사람들이 될 것이라고 전망한다. 물론 그것이 중요하다. 그러나 희망이 있는 진짜 이유는 더 심오한 데에 있다.

성서는 많은 예언자들을 통해 시대를 드러내고 새 시대를 꿈꾸게 하였다. 예언자는 무기력한 상황에서 희망을 보게 하는 빛이었다. 또한 예언자는 자신의 사회가 편승하고 있는 현실을 투명하게 보여주고 여기에 반기를 든다. 구약성서를 보면 예언자는 두 가지 방식에서 이러한 일을 한다. 예언자의 일 중 하나는 뿌리 깊은 불의를 폭로하는 것이다. 노인들이 연대하여 두 팔 걷어붙이고 노인들에 대한 폭력적인 태도, 형편없는 수입, 부적절한 의료 혜택, 아직도 일할 수 있는데 쫓겨나야 하는 강제 은퇴로 경험한 고통을 알린다면 이런 면에서 노인들은 예언자가 된다.

노인들은 '예언자는 오직 사회뿐'이라는 닫힌 사고방식에 대해 인간 삶의 대안적인 비전을 제시하는 지혜의 사역을 수행하기도 한다. 이런 식으로 '새로운 인간'의 시작, 신세계의 시작이 이루어질 수 있게 된다. 사회의 가치 체계에 도전하기 위해서는 우리가 누구인가에 대한 분명한 생각을 갖고 신앙이 우리 삶에 주는 의미를 알아야 한다. 나이를 먹어가면서 영성은 노년 삶이 가지고 있는 예언자적 모습을 세상을 향하여 뿜어내게 하는 심장이 된다.

노년기에 나타나는 다양성과 영성에 대한 이러한 이해를 명심하고, 다음 장에서는 인생 여정의 마지막 단계에 나타나는 공통적인 경험을 살필 것이다. 이는 기독교 복음이 노인들에게 어떤 창구가 되는가를 보기 위함이다. 노년기의 다양성 이면에는 의존과 독립, 사랑과 성, 상실과 죽음, 경이로움과 관조, 그리고 상호 간의 재원에 관한 공통된 관심사가 있다. 이러한 현실에서 크리스천의 시각은 노화에 대한 이미지를 바꾸기 시작해야 할 것이다. 나사렛 예수의 예언자적 역할은, 사람들이 자신들의 현재가 바로 마지막이며 더 이상은 없다고 믿는 바로 그때 사람들에게 미래를 제공한 것이었다. 그분의 말씀과 행위, 십자가와 부활로 사람들은 거듭나게 되었다.

역사를 통과하는 사람들

노화에서 영성의 중요성이 단지 노인들에게만 해당되는 것은 아니다. 어떤 면에서는 젊은 사람들에게 훨씬 더 중요한 것 같다. 우리가 영적인 삶을 영혼의 정지 상태로 보는 것이 아니라, 움직임으로, 성장으로, 과정으로 보게 되는 때 인생 여정의 끝은 생의 모든 단계에서 한결 더 중요한 영향력을 갖게 된다. 한밤에 넓게 비추는 보름달빛처럼, 노년기는 우리가 인생의 각 단계를 준비할 수 있도록 해주고, 앞서 놓인 전환점들과 전경들을 밝혀주게 된다. 질적 연구를 위해 필자가 인터뷰를 했던 많은 청년들은 '할머니'가 좋고 존경스럽다고 말했다. 친할머니, 외할머니에 대한 감정과 감동이 성장판에 묻어났다. 이런 할머니의 사랑과 따스함, 추억은 다른 노인들에 대한 사랑과 연민으로 연결된다. 누군가에게 따스함이 필요할 때 기억나는 얼굴, 그것은 인생의 나락에 서 있다고 여겨지는 순간 옆에서 지켜주는 뿌리 깊은 나무와 같다. 누구나 삶의 멘토를 간절히 원할 때가 있다. 멘토는 우리에게 영향을 주는 것 이상으로 우리의 마음의 질을 변화시키고, 우리의 성장 노선에 다른 방향을 제시해준다. 멘토는 마치 하나님의 말씀이 새롭게 다가오는 시간처럼 우리에게 노년의 삶을 충만하게 하고 이전 단계에서의 성장을 더 풍성하게 해줄 수 있다. 이런 확신을 갖게 되면 그 순간부터 흥분과 기대에 넘쳐 믿음과 희망을 가지고 멘토의 길을 향하여 갈 것이다. 만일 우리가 노인에게서 살면서 피하고 싶은 실패와 상실과 절망을 보게 된다면, 그때 우리는 노인들이 미래에 아무런 희망이 없다는 것을 알게 되고, 성장에 방해가 되느니 차라리 우리의 현실 경험에 매달리게 될 것이다.

부분은 전체 속에서 더 잘 이해된다. 인생의 계절 전체를 깊이 생각해보아야 비로소 생의 한 계절이라도 그나마 이해하게 될 것이다. 봄, 여름, 가을 그리고 겨울은 각자 다르게 서 있으나 서로 연결되어 있다. 각 계절을 통해 우리는 하나님에게 의지한다는 것이 무엇인지, 우리 자신을 사랑하는 것과 다른 사람들을 사랑하는 것이 무엇인지를 배우게 된다. 한 계절에 커나가는 식물은 다음 계절이 오지 않으면 열매를 맺지 못한다. 이 계절에서 죽은 것이 다음 계절에서 아름답게 피어날 수 있다. 모든 계절을 지내며 살기 때문에, 나이테 모양으로 노인들은 인생주기 전체에 대한 전반적인 감각을 지니고 있다. 오늘날 바야흐로 글로벌 시대, 지구촌 시대이다. 순간순간 우리의 삶이 공간이라는 조건 속에 얼마나 서로 연결되어 있는가를 너무나 잘 알게 되었다. 텔레비전이나 인터넷을 통해 지구에서 일어나는 각종 사건들을 실시간으로 확인하고, 사건에 대한 세계 도처의 반응도 알 수 있다. 쓰나미가 어떻게 일본 열도를 휩쓸었는지, 오사마 빈 라덴 옆에는 누가 있었는지, 지독한 황사 때문에 휴교를 할 것인지를 트위터, 페이스북, 미투데이가 실시간으로 알려주고 보여준다. 이처럼 우리는 과거보다 훨씬 더 시간이라는 조건 속에 서로 얽혀 있다. 그것이 오늘날처럼 복잡하고도 연령간 구분이 분명해진 사회에서 다소 덜하다고 하더라도 청년층, 중년층, 노년층, 어떤 연령 그룹이 특정한 상황을 어떻게 맞닥뜨리느냐 하는 것은 모든 다른 세대에도 동일한 문제이다. 청년들은 노인층에 희망 혹은 절망을 만들어낸다. 그리고 노인들도 젊은 세대에게 동일한 영향을 미친다. 우리나라에 잘 알려진 〈고려장 이야기〉가 있다.

> 고구려 때 박 씨라는 사람이 있었다. 그 당시에는 나이가 70이 넘으면 고려장을 해야만 하는 법이 있었다. 그래서 그는 7살이 된 자신의 아들을 데리고 노모를 지게에 짊어지고 깊은 산으로 올라갔다. 깊은 산속에 도착한 박 씨는 노모를 내려놓고, 노모를 지고온 지게도 노모 옆에 함께 두고 산을 내려가려 하였다. 그러자 그 옆에 있던 7살 아들이 “아버지, 지게는요?”라고 물었다. 그러자 박 씨가 되물었다. “그건 왜 묻니?” 그러자 아들이 대답했다. “지게를 가져가야 저도 나중에 아버지를 그 지게에 지고 오잖아요!” 그 말을 들은 박 씨는 깊이 후회하고 곧 다시 노모를 지게에 지고 집에 돌아와 효도하며 살았다.

우리는 모두 나이를 먹는다. 이 말은 노년기의 도전과 축복 역시 모두가 겪는다는 것이다. 우리는 모두 우리가 무엇을 하느냐보다는 우리가 누구인가에 대한 궁극적인 가치를 찾고자 노력하면서, 자기 자신을 평가하며 고민한다. 모두가 슬픔, 상실과 실패를 경험하고, 한계이자 종점인 죽음과 마주하게 된다. 이 순간 우리는 생의 목적과 우리가 쌓아온 가치들에 대해 당혹스러워하게 된다. 그리고 어떤 발달단계, 어떤 연령이든 창조의 아름다움, 그 경이로움에 무릎을 꿇고 감사하고 또다른 사랑과 인정의 새로운 차원을 발견하게 된다. 노년기에 우리가 던지는 질문은 이론적이지 않고, 좀 더 분명하며 개인적일 것이다. 나이가 들수록 상실 경험은 훨씬 강하고 그 종류도 많아진다. 그리고 목전에 와 있는 죽음이 피부에 와 닿는다. 노인들의 임박한 죽음 때문에, 그 죽음의 그림자가 두려워 노인들을 한 부분에 몰아놓고 모르는 척하는가? 아니다. 우리가 노인들을 소외시키는 근본 이유 중 하나는 우리가 존재의 영적인 차원이 갖는 공통적인 특성을 인식하려 하지 않고, 그 많은 유사성을 알고자하지 않기 때문이다.

노년기에 받는 은총은 단순히 노년기에 이른 사람들만의 은총이 아니다. 남녀 노인들은 모든 이들에게 은총과 진리의 통로가 될 수 있다. 기독인들의 제자 됨의 의미는 예수를 따를 때만이 분명해진다. 제자가 되는 과정은 우리가 인생을 살면서 따라가는 각 단계에서 크리스천이 된다는 것이 무엇인가를 발견할 때 배우게 되는 것이다. 복음에도 여러 차원이 있다. 사랑, 용기, 믿음, 충성, 인내, 자비로움, 양선, 온유가 그것이다. 사회공동체를 위해 이것을 성례화할 수 있는 구성원 그룹은 바로 노인들이다. 신앙의 관점에서 보면, 노년기는 크리스천 복음의 핵심에 있는 역설을 가장 극명하고 생생하게 보여준다. 삶을 잃어가면서 어쩐 일인지 생명을 발견하게 되고, 잃는 것이 얻음이 되고, 약함이 강함이 되고, 죽음이 생명의 통로가 된다.

> 나는 삶과 죽음에 대하여 품고 있던 사상에서 점점 멀어져 갔다. 죽음은 나에게서 그 두려움을 잃고, 죽음은 삶의 하나의 에피소드로서 필경 그칠 때가 없다는 인식에 나는 하루하루 가까워 갔다. 필경에는 나는 인내심 깊이, 아니 오히려 흔연히 죽음을 기다리고 죽음을 맞아들일 경지에 이르렀다. 영속하는 생에 대한 확신은 굳어지고 모든 의혹은 힘없이 사라지고, 때때로 새로 태어나는 아기의 기쁨에 찬 소리처럼 기쁜 부르짖음이 나의 가슴에서 솟아날 지경이었다. 끝없는 행복감이 나의 영혼을 가득 채우고 나는 다정하게 죽음을 기다렸다. – 톨스토이

인간이 된다는 것은 출생과 죽음 사이를 사는 것이며, 분노와 깊은 기쁨이 교차되는 순간을 사는 것이다. 죽음은 삶의 씨앗으로 남아 영원의 차원으로 옮겨가고 그의 삶의 기억과 신앙을 남긴다.

예수는 예루살렘에 죽음을 맞으러 올라가며 '최후의 만찬'을 나눈다. 레오나르도 다 빈치의 명성으로 비기독교인들에게도 명화로 알려진 주의 만찬 장면이 그 이야기를 다루고 있다. 그림으로 보든 글로 보든 주의 만찬에는 인간 신비의 핵심이 하나의 상징으로 나타난다. 빵과 포도주의 만찬 속에는 인간 삶의 신성한 기쁨과 죽음의 비

통합이 동시에 거룩해진다. 소리 없는 아우성이다. 예수는 주의 만찬에서 세상에 축사하고 나누어진 빵으로 세상의 양식이 된다. 노년을 사는 사람들은 긴 인생의 축복과 더불어 함께 오는 삶의 비참함을 잘 알고 있다. 노인들이야말로 누구보다 주의 만찬을 잘 이해할 수 있으며, 따라서 도전과 위로, 이 두 가지 모두를 준비하게 된다. 노인의 역할, 아니 노년기의 축복 중 하나는 이 만찬의 의미를 다른 이들에게 드러내며, 비참함과 축복에 대한 풍성한 개인의 경험으로 다른 이들을 살찌우는 일일 것이다.

주의 만찬은 크리스천들이 자신들의 삶을 어떻게 해석할지, 자신들이 어떤 가치를 선택해야 할지를 결정하는 기회가 된다. 그리고 그 속에서 우리의 일상의 경험과 복음의 경험이 한데 만나게 된다. 주의 만찬은 사실 유대의 전통식사이다. 모세라는 지도자를 선두로 홍해가 갈라지고 이스라엘 사람들이 탈출하는 스펙터클한 이야기를 기억할 것이다. 주의 만찬은 애굽에서 나온 이스라엘의 여정을 기념하는 유월절 식사이자, 동시에 예수의 죽음과 부활이 담고 있는 자유를 선포하는 것이다. 노년기에 주의 만찬은 어떠한가. 이것이야말로 사회가 규정하는 우리에 대한 가치에서 보다 멀리 벗어나 대안적인 가치를 포용하는 새로운 자료를 얻도록 도울 것이다.

주의 만찬은 노년기 은총을 가장 심오하게 표현하고 있다. 그것은 죽음이 도리어 새 생명을 가져온다는 역설을 상징적으로 재구성하고 있다. 그것은 젊든 늙었든, 모든 연령의 사람들의 통합과 자유를 축복하고 있다. 그리고 주의 만찬이 유대인들의 기억과 창조에 기원하듯 노년기 은총은 그리스도의 유월절 신비를 기억하고 현재에 다시 존재하게 하므로 노인들, 아니 모든 잠재적 노인들에게 궁극적인 희망을 보여준다.

2

지혜의 근원

내가 김병숙 선생님를 만난 것은 서울의 한 복지관에서 어르신들과 일을 하던 동안이었다. 그녀는 78세로 독거노인으로 살면서 낡은 자주색 가방에 넣을 수 있는 소지품을 모두 넣어서 다녔다. 김 선생님은 오래된 도심 지역에 있는 기초생활수급자로서 자녀와도 연락이 두절된 채 혼자 살고 계셨다. 점심은 일년 내내 복지관에서 먹고, 여행도 교육도 김장도 건강검진도 모두 복지관의 혜택을 받았다. 이분은 이 복지관이 아니더라도 금방 눈에 띄는 분이었다. 화장을 짙게 하고 목소리가 유난히 크며 호들갑스러울 정도로 수다스러웠다. 그러나 오랜 동안 그분을 지켜보니, 옷은 여름과 겨울로 그저 갈아입을 수 있는 한두 벌인 듯했다. 볼품없고, 가난에 찌들어 보이는 그녀를 알게 되면서 내 눈에 들어온 것은 그녀의 경제적 수준이나 패션감각이 아니었다. 내 시선을 끈 것은 그녀가 놀라울 정도로 경이로움과 감사를 잘 표현한다는 점이었다. 어느 날 김 선생님이 늘 점심을 먹던 복지관 식당을 나와 다른 노인들과 당구를 치고나서 내게 "이겼어요. 우리가 완전히 이겼어."라고 말했다. 나는 그녀에게 당구 우승자를 위한 상품으로 무엇을 선택했느냐고 물었다. 당연히 쌀이나 빵을 선택했을 것이라고 생각하고 있었다. 선생님의 답은 의외였다. "양산을 골랐어. 빨간 꽃이 그려진 양산을 골랐어." 온갖 커다란 꽃이 가득 프린트된 양산이었다. "교수님, 멋지지요? 난 이번 여름에는 이거 쳐다보면서 살렵니다. 난 이런 양산이 아주 맘에 들어요."라며 몇 미터 밖에서도 들을 수 있을 정도로 큰 목소리로 껄껄 웃으며 기뻐하였다.

얼마 후 김 선생님은 지나가던 택시와 부딪쳐 다리뼈가 으스러지는 사고를 당했다. 노년기라 뼈가 잘 으스러지는 통에 다리는 거의 8개월이 넘어서야 겨우 걸을 수 있는 정도가 되었다. 한번은 퇴원 후 물리치료를 받으러 가던 김 선생님을 병원까지 모시고 간 적이 있었다. 한사코 괜찮다고 말씀하셨지만, 차로 모셨다. 차로 불과 15분이면 가는 거리였지만, 불편한 다리를 끌고 버스를 타고 가야 하는 일이 김 선생님에게 쉬울 리가 없었다. 병원에서 양손에 쥐고 걸을 수 있는 지팡이를 제안했고, 일부 비용은 필자가 댈 수 있었다. 그때 김 선생님의 표정은 봐야만 안다. 그 표정을 부족하게나마 표현하자면, 얼굴이 일그러지듯 웃더니 두 손에 지팡이를 번쩍 들어올리며 만세를 다섯 번이나 큰 소리로 부르며 좋아하셨다. 진료를 마치고 집으로 다시 모셔다 드리는 길에 "교수님, 난 교수님이 참 고맙고 감사해요. 나한테는 좋을 일만 생기는 것 같아, 그게 얼마나 고맙고 감사한지 몰라요. 내가 좋아하는 교수님이 자동차도 태워주고, 난 지팡이가 생겼고, 난 크리스마스입니다. 좋아요. 아주 좋아요!" 그 말이 끝날 때쯤 김 선생님 댁 좁은 골목 앞에 정차했다. 문을 열어드리자 그 더운 날 5분 넘게 필자를 끌어안고 뺨에 뽀뽀하기를 반복하셨다. 그리고 그게 마지막이었다. 5달 뒤 그녀는 당뇨합병증으로 아무도 없는 집에서 쓸쓸히 돌아가셨다. 돌아가신 후 유품 중 일기가 있었고, 그 일기는 돌아가시기 전까지 하루도 빠짐없이 빼곡히 기록되어 있었다. "아침이면 새가 날아오고, 비 새는 소리가 들리고, 통장 할아버지가 다녀갔고, 코미디언이 되게 웃긴다. 오늘도 잘 지났다." 이게 마지막이었다.

김 선생님은 노년기 고통과 행복의 경이로움이 동시에 가능하다는 생생한 예로 아직도 기억에 남아 있다.

우리는 인생을 초침에 맡겨 측정한다. 몇 년을 살았는가? 며칠이 생일인가? 기대여명은 얼마인가? 등등. 그도 잠시, 산처럼 밀려 있는 서류에 다시 파묻힌다. 양으로 승부하는 건 중년기까지일 뿐이다. 노년기에 이르러서는 양으로 승부하고 평가되던 것이 질적인 깊이와 의미로 대치된다. 시간이 지나 삶의 끝자락에 다다르면 인생의 속도는 늦어진다. 이런 시기를 당겨보면 어떨까? 즉 우리 삶을 몇 템포만 늦추면 다른 사람들과 다른 상황들을 보다 자세하게 보게 된다. 또 신중하고 조심스럽게 대하게 된다. 그러고 보면 우리는 현재 시간에 홀려서 우리 주변을 영원히 안정된 것으로 보고 줄자를 들고 영원이라는 시간의 깊이와 길이를 재고 있다. 절대적 시간은 노년기에 그 힘을 잃는다. 상대적인 시간이 '지혜'라는 시간들을 알려주게 된다. 인생의 남은 날들을 셀 수 있다면, 그 날들 동안 우리는 참으로 놀랄 정도로 집중하며 그 삶과 그 시간 속에 빠져들게 될 것이다. 시편 기자는 이미 그 빠져듦을 지혜라고 말하고 있다. "그러므로 남은 날을 세어보라, 그리하면 지혜를 알지니."

우리에게 주어진 삶을 살피는 방법, 노년기의 지혜를 배운다는 것은 고통과 행복, 그리고 기도의 능력을 일구는 것을 말한다. 이러한 영적인 삶의 차원에 대한 이해를 넓혀나가는 것은 우리의 노화 과정을 말할 수 없이 풍성하게 해준다. 일구어 맺은 열매, 노년의 수확이다.

행복으로 가는 길

대부분의 노인들이 다양한 종교 전통과 인생 가치관, 또 현재를 살아가는 목표에 대해 오랫동안 한 가지 태도를 고수한다. 경험에 굳건히 선 '반석 위에 세운 집'이다. 무너지지 않는다. 그러나 그 속을 가만히 살펴보면 새로운 내용이 보이기 시작한다. 노년기가 인생의 덜 중요한 것들 중에서 보다 더 중요한 것들을 추출해내는 시간이라는 점이다. 이때, 인생의 중요한 점들이 보다 더 두드러진다. 배우자, 아이들, 화초, 친구, 신체적이고 감정적인 교환, 색감과 형태의 조합 등. 시편 23편은 그 모든 고통과 괴로움을 다 견뎌낸 다윗이 노년에 이르러 지나온 삶을 되돌아보며 자기 인생의 의미를 곱씹어 보는 시이다.

여호와는 나의 목자시니 내가 부족함이 없으리로다

그가 나를 푸른 초장에 누이시며
쉴 만한 물가로 인도하시는도다

내 영혼을 소생시키시고 자기 이름을 위하여
의의 길로 인도하시는도다

내가 사망의 음침한 골짜기로 다닐지라도
해를 두려워하지 않을 것은 주께서 나와 함께 하심이라
주의 지팡이와 막대기가 나를 안위하시나이다

주께서 내 원수의 목전에서 내게 상을 베푸시고
기름으로 내 머리에 바르셨으니 내 잔이 넘치나이다

나의 평생에 선하심과 인자하심이 정녕 나를 따르리니
내가 여호와의 집에 영원히 거하리로다 – 시편 23편

미국에서 발생한 9 · 11 사태의 생존자들이 끝없이 이어지는 계단을 걸어내려 오며 함께 소리내어 읊었던 것으로 더 유명해진 시편 23편이다. 다윗의 삶을 고려해보면 미국의 테러현장 생존자들의 고백과 다윗왕의 '살아남은' 삶의 고백은 맥을 같이 한다. 온갖 고난과 역경을 헤치고 살아온 인생 길, 수 없는 인생의 위협과 또 무시무시한 전쟁들. 그리고 서러움과 억울함, 무기력, 비탄과 굴욕의 시간들을 다 보내고 이제는 마지막 인생의 뒤안길을 목전에 둔 다윗의 크고 위대함이 면면이 배어 나오는 참 아름다운 시다. 경이로움을 느끼기 위해서는 인생의 한계를 받아들여야 한다. 어떤 한계를 인식하는 훈련은 복잡한 것들을 줄이고 인생을 보다 명료하고 간명하게 한다. 비로소 우리의 삶을 정돈된 시각을 가지고 볼 수 있게 되는 것이다. 내가 알고 지내는 안옥수 교수님이 쓴 글의 일부이다.

> 정년퇴직 전에는 보지 못하고 느끼지 못했던 것들이 요즘은 새롭게 보이고, 아름답게 느껴지는 때가 많다. 그리고 그런 아름다움 속에서 살고 있다는 그 자체가 행복한 것 같다. 봄 하늘의 푸르름이 아름답고, 빨아 널은 행주가 봄볕을 머금고 눈부시게 흰 빛을 발하는 것을 아름답게 느끼며, 내 서재에 쌓인 이면지를 보면서 행복을 느낀다. - 안옥수, 《오후의 단상》

행복은 감사함의 서곡이다. 일단 우리가 정말 뭔가를 볼 시간을 갖기만 하면, 그것이 새 하늘과 새 땅의 신비를 드러낸다. 처음으로 봄의 따스함이 땅에서 올라오는 것을 보고, 여름의 푸성귀를 직접 따보고, 가을 추수 낙곡을 주워보고, 겨울 페치카 옆에서 손주 손금을 들여다보게 된다. 만년의 삶은 더 깊은 감사의 시기가 될 수 있다. 백발이 앉는 그때 행복과 감사를 일구어가는 방법은 수도 없이 많이 있다. 손쉬운 방법 중 하나는 산책이다. 산책은 좋은 운동일 뿐 아니라 우리 주변의 삼라만상을 보고 들을 수 있는 기회이다. 내 속으로부터 하나님의 신비를 음미하며 그 능력을 깨닫는 기회이기도 하다. 가지꼭지가 앉고, 파밭이었던 곳에 심은 인삼이 잎을 내는 것을 보고, 날리다가 이웃집 나무에 걸려버린 연도 보게 된다. 산책은 시편 104편의 기도나, 다른 시편의 감사의 시로 귀결된다.

> 나의 하나님이여 주는 심히 광대하시나이다!
>
> ……
>
> 여호와께서 샘으로 골짜기에서 솟아나게 하시고
>
> 산 사이에 흐르게 하사
>
> 들의 각 짐승에게 마시우시니
>
> 들나귀도 해갈하며
>
> 공중의 새들이 그 가에서 깃들이며
>
> 나뭇가지 사이에서 소리를 발하시는도다. - 시편 104:1, 10-12

화초를 가꾸고 기르는 것도 행복과 감사를 증가시키는 방법이 된다. 그것을 통해 우리는 씨앗, 식물, 열매, 꽃의 끝없는 순환을 보고 생명 그 자체의 기적에 바짝 다가가 앉게 된다.

> 돌부리가 참 예쁩니다.
>
> 예전엔 그걸 몰랐는데, 뭉툭하니 동그랗고
>
> 똑 색시 때 당신 가슴 같네.
>
> 저거 큰 바위였을 텐데 닳아 흙이 되었네요.
>
> 다시 흙이 바위되는 날 당신하고 또 살려나 몰라요.

경이로움과 감사로 가득 찬 침묵, 그 속에서 늙은 남편은 세상을 논하거나 분석하려고 하지 않는다. 그들은 단지 세상 속으로 들어가서 세상과 하나가 된다. 그들은 단순히 실재 속에 머무를 뿐이다.

우리 주변에서 느끼는 행복감에 집중하는 것이 명상이 되기도 한다. 명상은 삶을 머릿속에 떠올리고, 내 삶에 참여하는 능력과 인생 동안 받은 축복을 살핀다. 명상은 종종 실제 삶을 오래도록 사랑스럽게 바라보는 것일 수도 있다. 명상을 하기 위해서는 다소 느려지고 무뎌져야 한다. 그렇지 않으면 섬세하지만 눈에 잘 띄지 않는 숲의 들꽃을, 사람 얼굴에 나타나는 놀람과 실망의 섬광을 그리고 이른 아침 일출의 장엄함을 보지 못할 수도 있게 되기 때문이다. 인생에 대한 이런 수용적인 자세는 환경을 조작하고 통제하는 쪽으로 지나치게 기울어져 있는 적극적인 모습과는 사뭇 대조적이다. 나는 얼마 전 이른 새벽에 남부터미널에서 출발해 전주로 갈 일이 있었다. 강의 차 가는 길이라 발걸음도 더디고 춥기는 왜 그렇게 춥던지 종종 걸음으로 차에 올랐다. 새벽녘 쌀쌀한 날씨에 옷을 잔뜩 끼어입고 온 터라 버스 히터가 들어오자 피로가 몰려왔다. 잠을 잘까 하다 커튼 밖을 보았다. 겨울 칼바람에 눈으로 덮인 산 너머로 동편 태양이 붉게 빛나면서 떠오르고 있었다. 버스에 탄 사람들은 거의 모두 자고 있었다. 일부는 그 이른 시각에 문자 메시지를 보내느라 고개를 들 틈이 없어보였다. 그 추운 겨울 아침에 나타난 아름다움의 주인은 그것을 즐기는 자, 그것을 받아들이는 자의 것이다. 그 버스에 탄 사람 중 거의 유일하게 나만이 그 장면을 즐긴 것 같다.

삶을 살아가는 동안, 우리는 누구나 삶에 대해 적극적이거나 소극적이다. 그러나 우리는 누구나 인생의 환경의 대부분을 생산하고 형성하기 위해 일을 한다. 즉 적극적인 경우가 지배적이다. 노년에 도달하면 삶을 보다 유연하게 바라보게 된다. 오래전 얘기지만 필자가 세브란스에서 CPE(임상목회훈련)를 하는 동안 암병동을 자주 다녔다. 그때 췌장암으로 입원했던 한 목사님을 알게 되었다. 큰 병 앞에 사람은 약해지기 마련이다. 말기환자로 산다는 것에 대해 그 목사님은 때로는 심각하게, 때로는 유머를 던지며 말씀하시곤 했다. 한번은 심각한 의식불명 상태에 들어갔다가 다시 회복되었다. 의식을 되찾았다는 소식에 서둘러 병실을 찾았다. 지금도 그분이 내게 한 말은 잊을 수가 없다. 극도로 쇠약해진 상태에서 내게 손짓으로 가까이 다가오라고 하시고는 귓가에 속삭이듯 이렇게 말씀하셨다.

> 이 선생, 날 보러 왔지. 고마워…. 의식이 돌아오니까 말이야, 그 기분이 아주 묘하더라. 기쁘지도 않고, 그렇다고 슬프지도 않았어. 화가 나지도 않아. 그냥 감사하더군. 이 감사를 전하라고 주님이 나를 다시 여기서 깨우신 것 같아. 처음엔 죽음이 많이 두려웠어. 그런데 지금은 이렇게 깨어나보니 죽음이 오히려 감사하고 감사해. 가기 전에 한 번 더 기적을 보았잖아…. 사는 게 참 아름다워. 놀라운 거야. 그리고 이제 죽는 것도 아름답고 놀라운 일이라는 걸 알게 되었어.

노인의 기도

노인들은 외로울 때가 많다. 한 70대 초반 정도 되어보이는 여성이 나에게 친구 이야기를 해주셨다. 하루 종일 같이 앉아서 도라지를 캐기도 하고 고추를 닦기도 하는 친군데 말하는 게 아주 재미있다고 했다. 노년기 친구는 무엇인가? 노년기 고독의 의미는 나이나 문화에 따라 변한다. 우리나라 중년기 사람들은 외롭다는 말을 다른 사람들과의 상호 작용이 없는 것으로 보았지만, 노인들에게는 활동이 없는 것을 말한다. 많은 노인들이 경험하고 있는 감정적인 소외는 무관심에서 비롯된 지루함이다. 노인들은 할 일이 없다. 그럴듯한 목표도 계획도 없다. 그런 면에서 보자면 노인들과 청소년의 고독은 비슷한 점이 있다. 둘 다 자신만의 창조적인 소산이 없기 때문에 다른 사람들로부터 소외된다고 느끼고 또, 성인들의 세상 속에서 방향도 지위도 없다.

노년기에 우리는 존재(being)의 가치에 대해 질문을 받게 된다. 노화가 주는 특별한 선물인 내적인 강인함을 계발하려면 시간을 어떻게 써야 할까? 먼저 제1단계는 우리의 외로움을 내부의 풍성한 자유로 바꾸는 방법을 배우는 것이다. 어느 시인이 말했던가, 외로워야 사람이라고. 그리고 그 외로움의 순간은 번잡함에서 보지 못한 것들을 찾아내는 계기가 되기도 한다. 외로움의 고통은 우리가 하나님에게 의지하도록 하는 초대장이 될 수 있다. 가장 깊은 수준에서 보면, 모든 외로움은 어떤 피조물도 그 속의 열망에 충분히 대답하지 않는다는 공통의 경험을 의미한다. 즉 외로움, 그 밑이 보이지 않는 고독은 하나님에 대한 갈망에 그 근원을 두고 있다. 하나님의 음성이 고요 속에서 들려올 때 그것은 고독이 된다. 놀랍게도 명상을 통해 우리는 이 텅빈 고요를 하나님으로 가득 채울 수 있다.

많은 노인들은 중심의 기도, 혹은 마음의 기도라는 기도 통로를 노년기에 처음으로 발견한다. 마음은 사람의 중심이라는 뜻이다. 이곳은 하나님이 임재하시는 곳이며, 가장 친근하게 다가오는 곳이다. 사도 바울이 지적하듯이, "우리에게 주신 성령으로 말미암아 하나님의 사랑이 우리 마음에 부은 바"(롬 5:5) 되기 때문이다. 마음의 기도는 우리를 사랑하시고 우리 가까이 계시는 하나님에게로 돌아서는 것이다. 이는 다양한 방법으로 그려지고 있는데, 하나님의 현존 속에 쉼을 얻는 것, 마음의 소리를 주의 깊게 듣는 것, 하나님을 기다리는 것으로 그려진다. 마음의 기도는 하나님 속에서 우리를 알리는 소리 없는 발견인 것이다.

기도 잘한다는 사람들, 어떤 이들은 그런 사람들에게 기도하는 법을 배우러 간다고도 한다. 그러나 기도를 배우는 일은 어렵지 않다. 기도에 대해 쓴 대부분의 저작들은 한결같이 우리 자신을 하나님의 현존에 열어놓게 하는 기도를 준비하는 데 어떤 단계가 있다고 말한다. 기도에 대한 전통적인 방법은 기도에 대한 전초작업으로서 '마음을 비우는 것' 혹은 '비우기 훈련'이 있다. 마음의 기도가 노인들에게 가장 자연스러운 이유 중 하나는 이 비우기 작업이 노화 과정의 한 결과로서 이미 일어났기 때문이다. 비우기를 통해 우리는 하나님의 음성을 희미하게 하는 내 속의 강박관념과 선입견들을 벗어버릴 수 있다. 또한 노화가 우리를 한 박자 늦추기 때문에 기도를 위한 고독의 시간이 가능해진다. 노화에 있어서 비우기의 다른 측면은 하나님의 현존하심 속에서 풍성함을 발견하게 된다는 점이다. 이 과정에서 죽음은 전혀 새로운 방식으로 시작하는 하나님과의 교제가 된다.

모든 기도는 축복으로 온다. 우리가 하는 기도는 선물이며, 이미 우리에게 준비된 것들이다. 우리가 읽는 모든 책은 실제로 하나님의 음성을 들을 수 있도록 고요 속으로 들어가는 실제적인 방법이다. 이 준비의 일환이 바로 기도 시간이다. 은퇴를 한 사람들은 일상의 운영이 중요하다. 이전의 그 화려한 역할이 없어지고 나면 이에 버금가는 다른 창조적인 역할들을 만들어야 한다는 것을 잘 알고 있다. 그러나 노인들은 금방 자신이 '끈 떨어진 갓' 신세가 되었다고 생각한다. 이런 생각이 들면 허연 벽을 무심히 응시하며 늙어버린 노구(老軀)를 한탄하게 된다. 그러나 잘 생각해보라. 일상의 힘이 얼마나 강력한가를. 일상이 흐트러지면 건강도 삶도 흐트러진다. 그러나 그 반대도 마찬가지이다. 일상이 잘 구성되면 삶도 만들어지는 것이다.

외삼촌이 돌아가신 뒤, 필자가 수첩에 적어놓은 글귀다.

> 일상이 얼마나 대단한가!
>
> 울고 죽을 것 같은 장례식을 치르고도 배가 고파지는 걸 보면.
>
> 늘상 밥 먹던 시간이 되니,
>
> 망자를 앞에 두고 배가 고파진다.
>
> 배고픔이 죄책감으로 채워진다.
>
> 그러니 난 밥부터 먹어야겠다.

일상생활 속에 시간이나 장소를 정해 놓고 기도를 시행하는 것도 기도에 도움이 된다. 질병이나 외로움, 혹은 상실감과 싸워본 적이 있는 사람이라면 일상 속에 계획을 짜는 것이 얼마나 중요한지를 안다. 그런 계획이나 익숙한 일정들은 에너지를 쏟을 곳을 알려주며 목표와 목적을 갖도록 해준다. 기도가 일상이 되게 하라. 일상이 가장 강력하지 않은가!

태도 역시 중요하다. 태도는 기도의 여러 요소 중 우리를 총체적으로 표현해주는 방법 중 하나이다. 위대한 종교 전통이 제시하는 공통적인 기도 방법 중 하나는 허리를 곧게 세우고 몸을 편안하게 놓되 흐트러지지 않는 것이다. 이 자세는 깊고 편안하게 숨을 쉬도록 해줄 뿐 졸다가 잠에 빠지게 하지 않는다. 요가에서 배운 많은 자세들 역시 기도에 도움이 된다. 대개 눈을 감으면 좋다. 눈을 감으면, 시선에서 해방된다. 기도를 준비하는 데 있어 편안하고도 기민한 자세가 되게 하는 다른 방법은 숨을 모아, 몇 차례 들이마시고 내쉬기를 반복하는 것이다. 숨을 내쉴 때 우리의 근심과 걱정을 내뱉고, 하나님에 대한 사랑과 삶을 들이마신다. 이런 준비를 하는 동안 우리는 하나님의 사랑에 머무르는 묵상의 시간을 갖게 된다.

기도의 중심으로 들어가려면 평소 감동이 되었던 시편이나 주기도문을 천천히 그리고 깊이 있게 암송하는 것도 좋다. 천천히 그리고 조용하게 반복하는 짧은 기도 형태는 영혼이 평안해지는 데 도움이 된다. 마음의 기도 형태 중에는 "예수님", "하나님", "주님"과 같은 짧은 말이나, "주여, 오소서", "주님 예수여"와 같은 말을 사용한다. 기도 도중 초점이 다른 곳으로 갈 경우 이 말들을 다시 반복하는 것이다. 불교나 천주교 노인들은 명상 기도를 드리는 한 방법으로 묵주를 사용한다. 이는 좋은 기도 형태 중 하나라 할 수 있다. 묵주를 사용하는 것은 기도와 집중하는 데 확실한 방법이다. 정신 집중이 잘 되지 않을 때, 묵주로 다시 정신을 집중할 수 있기 때문이다. 구슬을 굴리며 늘 외우던 기도문을 반복하고 그리스도의 삶의 여러 신비를 묵상할 수 있다. 마음으로 드리는 기도로서 이는 고요히 하나님을 만날 수 있는 방법이다.

깊은 고독 속에서 우리는 다른 사람들을 발견하게 된다. 고독은 마음의 한 장소라기보다는 마음의 한 특질이다. 고독은 언제나 사회적인 차원을 가진다. 골방에 들어가 기도를 한다고 외로운가? 필자의 어머니는 늙어서 하는 기도의 '맛'에 대해 말씀하셨다.

> 혼자 어떻게 몇 시간씩 기도를 하느냐? 그건 그 기도하는 '맛'을 알아야 해. 하나님과 얘기를 하는 거야. 두런두런 얘기 나누고.

그리고 기도는 혼자하는 것 같지? 모두 졸고 있는 것 같은 그 기도처에 아무도 없는 게 아니야. 몸이 자고 있어도 영이 기도해. 기도하는 영들이 교회에 가득해. 그러니 혼자 기도하는 게 아니지. 영들이 함께 기도하는 거지.

이 무슨 신비주의인가 싶다. 그러나 이 말은 우리가 정신이 하나도 없는 것이라고 부르던 시끄러운 소음과 관심사들이야말로 우리가 홀로 외롭게 기도하지 않는다는 것을 알려주는 것들이다. 영의 기도를 경험해본 적이 있는가? 우리가 이 영혼들과 그들의 관심사를 알게 될 때, 우리는 그들과 함께 기도하는 것이다. 우리는 하나님에 대해서만 생각하기 위해 다른 모든 것은 제쳐놓는 것이 기도라고 생각한다. 경건하지 않거나 종교적이지 않은 생각이나 느낌은 마음을 혼란하게 한다고 생각하기 때문이다. 그러나 기도는 일부가 아닌 모든 생명을 감싸안는 하나님과의 사랑 관계이다. 하나님은 우리가 가족과의 관계나, 새로운 친구, 경제적인 걱정, 신체의 고통 같은 우리 삶의 모든 측면에 대해 가지고 있는 것보다 훨씬 더 우리에게 관심을 주신다. 그러니 우리는 기도 속에서 하나님의 관심과 만난다. 기도를 할 동안의 느낌만으로 우리가 하는 기도의 가치를 평가할 수는 없다. 하나님과의 관계에서 우리 자신을 열어놓을 때, 자신의 존재를 하나님께 맡길 때 그것은 우리 삶 전반에 영향을 미치게 된다.

때론 기도가 어려울 수도 있다. 어느 순간 하나님이 멀리 떨어져 계셔도 아무 일이 없다고 느낄 때도 있다. 그러나 기도를 하고 나면 힘이 넘치고 희망이 차오르는 것을 자주 느낀다. 그게 자신을 스스로 기만하는 것이건 진정한 영적 접촉이건, 기도는 힘이 되고 다짐이 된다. 그러나 기도의 진정한 시금석은 우리 크리스천들의 삶의 질이다. 하나님과 우리 자신에 대한 신뢰가 자라고, 예수님을 닮아간다는 믿음이 생기고, 다른 이에 대한 이해가 커지며, 어려운 사람들을 끌어안을 만큼 우리의 사랑이 커지고, 용서하게 되며, 스스로 더 큰 자유함을 얻게 되기 때문에 다른 이들이 우리를 어떻게 생각할까에 대한 두려움이 작아지게 된다.

마음으로 드리는 기도는 다른 면에서도 성공적 노화의 핵심이 된다. 깊은 기도 속에서 교파와 교리를 따지는 사람은 없다. 오히려 우리는 하나님 속에서 우리 존재의 깊은 뿌리를 찾는다. 기도 속에서 우리가 누구이며 왜 존재하는지를 발견한다. 신앙이 진리, 특히 우리 삶 속에 오시는 하나님의 임재를 경험하게 한다. 노년기에 삶이 어려워질 때, 우리는 그 어려움에서 나올 방법을 하나님께 묻는 기도를 할 유혹에 빠지게 된다. 많은 노인들이 말하길, "난 하나님마저 나를 버릴 거라고는 생각지 않아요. 아무 일도 없게 해달라고 기도하고 또 기도하면 하나님이 들어주십니다." 마음으로 드리는 기도는 하나님이 우리가 필요한 것을 알도록 다시금 반복해서 하는 것이 아니다. 자기 기만이나 자기 위안을 위해서가 아니다. 도리어 하나님이 우리에게 원하시는 것이 무엇인가를 들을 기회를 갖는 것이며 마음과 삶에 나타나는 하나님의 목적을 듣는 귀를 갖는 것이다.

묵상 중에는 내가 듣고자 하는 메시지를 들을 준비를 하지는 않는다. 사람은 대개 자기가 듣고 싶은 것만 듣는다. 때로는 다른 사람의 말을 내가 원하는 대로 듣고는 혼자 오해하기 일쑤다. 우리의 어두움을 빛으로 바꿀 만한 말씀을 절대 기대해서는 안 된다는 것을 알면서도 우리는 기대감을 갖게 된다. 이 과정에서 가끔씩은 난생 처음으로 우리 자신의 가장 중요한 관심사가 무엇인가를 깨닫게 될 수도 있다. 가장 큰 깨달음은 하나님이 우리를 사랑하신다는 것이다. 우리가 원하는 그 이상적인 자아가 아니라, 화를 내고 외로워하고 우울하기도 한 실제 나 자신을 하나님 그분이 사랑하신다는 것이다. 하나님께는 분노, 성욕, 죄악, 무력감을 숨길 필요가 없다. 자신과 하나님, 둘만의 만남은 은밀한 비밀이 보장되는 순간이고, 영원한 약속이 체결되는 순간이다. 그 내용들이야말로 보살핌을 받아야 할 것들이며 기도를 통해 하나님에게 가져와야 할 것들이다.

기도는 하나님과 우리의 관계를 살찌우며 그 형태도 다양하다. 소리 내어 하는 통성 기도, 좋아하는 찬양을 듣는 것, 하나님 앞에서 자신을 낮추며 우리의 일상을 살피는 것, 몸이 가는 대로 흔들며 춤추는 것, 다른 이를 위한 진심어린 중보기도, 혹은 힘과 열을 합한 합심기도 등. 마음으로 드리는 기도는 그 형태가 무엇이든 노년을 사는 많은 이들에게 도움이 되는 방법이다. 그런 기도를 통해 우리는 하나님과 교제하는 것이 반드시 많은 말이 있어야 하는 것이 아니며, 하나님의 임재 안에서 쉼을 얻고, 하나님이 우리 안에 그리고 우리가 하나님 안에 있다는 것을 아는 것임을 배우게 된다.

하나님을 아는 지혜

성서나 은혜로운 문구가 기도에 도움이 된다는 것을 경험한 이들이 많이 있을 것이다. 이것들을 가지고 기도를 하는 방법은 많다. 한 가지 방법은 여러분이 가장 좋아하는 성서 구절을 선택하고 이를 읽어나가면서 그 내용과 의미가 자신에게 무엇인가를 찾아가는 방법이다. 대개 긴 것보다는 다섯 절이나 열 절 정도로 짧은 것이 가장 좋다. 성서 구절을 선택했으면, 조용한 곳을 찾아 앞서 제시한 방법으로 마음을 정돈하는 시간을 가지라. 다음으로 여러분이 하나님의 임재 속에 있다는 것을 기억하고 하나님의 말씀에 마음을 열도록 은혜를 구하라. 그 말씀 속에서 하나님은 무엇을 말씀하고 계시는가, 그 말씀이 나에게 어떤 변화를 촉구하는가.

성서 구절을 아주 천천히 읽고 편안하게 본문을 들여다보라. 소리를 내어 크게 읽고 싶어질 것이다. 그 속에서 암시나 교훈을 얻으려

하지 말고, 무슨 심오한 사상을 발전시켜보려고도 하지 말라. 다만 성서 구절 속에 있는 하나님 말씀 속에 천천히 빠져들라. 뭔가 번쩍 떠올랐을 때, 행동으로 바로 옮기려고 서두르지 말라. 여러분에게 전해오는 그 말씀을 음미하라. 어떤 말씀은 여러분에게 특별한 의미를 줄 수도 있고 또 어떤 말씀은 여러분은 당혹스럽게 할 수도 있을 것이다. 그러나 아무것도 생각나지 않았다고 해도 실망하지 말라. 듣는 것 자체가 하나의 기도이다. 기도가 여러분들 마음속에서 어떻게 일든지 간에 기도하라. 이 기도는 감사의 기도일 수도, 절망의 기도일 수도, 소원의 기도일 수도, 기쁨의 기도일 수도, 혼란의 기도일 수도 있다.

성서 구절을 묵상하는 다른 방법은 상상으로 그 말씀 속에 들어가 보는 것이다. 마치 이야기를 영상을 통해 보듯 드라마 시청자가 되는 것이다. 스스로 그 장면에 들어가 예수님과 함께한 사람들 중 하나가 되어보자. 자신이 예수님과 어느 정도 거리에 있고, 무슨 옷을 입고 어떤 표정으로 바라보고 있는가 상상하라. 그 다음 주변을 살펴보고 말씀을 들으라, 그리고 하나님을 느껴보라. 예를 들어, 요한복음 4장 1-42절에서 여러분은 우물에서 예수님을 만난 사마리아 여인이 될 수 있다. 물동이가 얼마나 거칠지, 우물에서 여러분이 길어 올린 물은 얼마나 찰지 생각해보라. "내게 물 좀 다오" 하고 말씀하시는 예수님의 음성을 들어보라. 마르지 않을 물을 갈급해하는 그 목마름을 느껴보라. 그리고 그런 물을 찾아 여러분이 헤매는 장소를 상상해보라. 예수님이 평생 목이 말랐던 그 갈증을 풀어주시고 여러분에게 목이 마르지 않는 물을 주신다는 구원을 전하는 그 음성을 들어보라. "이 물을 마시는 자는 누구든 다시금 목마를 것이나 내가 주는 물을 마시는 자는 다시는 목마르지 아니할 것이라." 예수님이 이 말씀을 하셨을 때 어떤 느낌이 들었는가? 예수님은 여러분을 많은 사람들에게 다시 보내고, 여러분에게 여러분이 사는 이 도시를 부흥시키라고 하신다. "여자의 말이 '그가 나의 행한 모든 것을 내게 말하였다' 증거하므로 그 동제 중에 많은 사마리아인이 예수를 믿는지라." 여러분의 삶에서 이 사람들은 누구인가? 할 수 있는 한 성서 속으로 충분히 들어가라. 그러면 그 힘을 온몸으로 느낄 수 있을 것이다. 다른 많은 성서 구절에서도 같은 식으로 해볼 수 있을 것이다. 예를 들어, 여러분은 요한복음 9장 1-41절의 나면서 눈먼 자가 되어 다시 볼 수 있게 될 수도 있으며 누가복음 14장 15-24절에서 혼인잔치에 초대받은 사람 중 하나가 될 수도 있다. 아니면, 예수님 옆에 못 박힌 죄수도 좋을 것이다.

복음서를 묵상하는 것은 우리가 나이가 들수록 특히나 중요하다. 왜냐하면 우리가 더 이상 속도나 젊음, 효율성, 생산성을 중시하는 사회인의 삶에 적합하지 않기 때문이다. 성서와 더불어 기도하는 것은 인생이 의미하는 것이 무엇인지 또 어떻게 그것을 살아야 하는 것인지에 대한 다른 비전을 알게 되는 것이며, 또한 예수님이 우리에게 가르쳐 알게 한 가치들, 즉 사랑 · 용기 · 평화 · 용서 · 나눔 · 돌봄에 의지하는 것이다.

나이가 듦에 따라 진행되는 과정에 대한 질문을 받으면, 늙어간다는 것이 지혜가 커가는 것이라고들 한다. 그러나 정말로 지혜에 대해서 그렇다고 고개를 끄덕일까? 지혜라는 것이 파악하기가 어렵기 때문이다. 지혜란 무엇인가? 많은 노인들에게서 지혜는 일종의 뛰어난 지식이라고 알려져 실상 노인들은 자신들은 지혜가 없다고 말한다. 또한 노인들 스스로 그러한 속성을 짐스러워하기도 한다. 왜냐하면 노인들은 자신들이 실제로는 가지고 있다고 믿지 않는 전문가 수준의 지식을 가지고 있어야 한다고 믿기 때문이다. 라즈니쉬? 간디? 범접하지 못할 이들의 정신적 총체만이 지혜라고 믿는 맹렬한 신앙인들이다.

일반적으로 지혜는 위대하고 대단하기보다는 젊은이들을 위한 현인의 조언이며 세상을 대처하기 위한 현실적인 제안이다. 지혜는 생각보다 쉽게 나타난다. 이따금씩 아이들에게 하는 부모의 훈계나 학생에게 하는 선생님의 어진 조언 역시 지혜이니 말이다. 잠언 기자는 '무엇보다 지혜를 구하라'라고 말하고 있다. 금과 보석 같아 왕후장상 · 학자들이나 가능하다면, 가난한 목수의 아들이고 대학졸업장도 없었던 예수님은 객관적으로 지혜 항목과는 거리가 멀었을 것이다.

하나님이 주시는 지혜는 무엇인가? 우리 생명과 우주에 그 의미를 주시는 분은 하나님이시다. 그러나 이 지혜는 아직도 지고불변의 원칙이며 인간으로서 이 지혜를 가진 자는 아직 없었다. 다만 우리에게 분명한 한 가지가 있다. 바로 지혜는 선물이라는 점이다.

지혜는 하나님의 선물이다. 그렇다면 내가 어떻게 지혜로워지겠는가? 단지 오래 살고 인생에 대해 더 많이 배우고 젊은이들을 위해서 현명한 조언을 준비하는 것만으로 되는 것이 아니다. 우리에게 필요한 것은 참지혜이다. 참지혜는 하나님과의 만남에서 온다. 이 교제의 열매는 매 순간을 충만하게 사는 데서 알게 되는 경이로움과 감사이며, 고독과 기도 속에서 배우게 되는 사랑과 자유이고 진리이다. 이 지혜를 나누는 것은 현재 행하고 말하는 것이 아니라 우리의 과거 모습에게 하는 것이다. 사실 노년에 받는 은총이란 하나님이 우리 삶 속에 들어오시는 것이며 우리에게 마음의 지혜를 주시는 바로 그것이다. 노년의 경험의 나이테는 세월, 하나님이 주시는 지혜의 세월을 신앙의 여정에 담는다.

3

추억과 치유

잃어버린다는 두려움과 기억해야 한다는 필요성, 이 둘은 모두 노년기에 특징적으로 나타난다. 이 두려움과 필요성은 비슷한 데에서 나오는 것이다. 추억은 효과적으로 살기 위해 필요한 통장잔고나 화려하고 즐거운 이야기보따리 이상의 것이다. 지난 일로 가끔 화가 끓어올라, 꼭 갚고 말리라 다짐했던 일들이 있을 것이다. 정말로 화가 났었는데 그 이름이나 날짜가 도무지 생각이 나지 않을 때 우리의 일부가 어디론가 도망가버린 것처럼 초조한 마음이 든다. 아니, 그 분노가 기억나지 않아 신경질이 날 때도 있다. 하지만 이때, 옛날에 있었던 사건들이나 사람들을 기억하면 그것만으로 위로가 된다. 우리 속 어디엔가 여름햇살을 받으며 들판을 가로질러 달음질하는 아홉 살 소녀가 아직 살고 있다. 처음으로 알게 된 남자, 내 첫사랑이었던 남편의 예고 없는 심장발작 소식을 들은 아내가 우리 속에 있다. 사실 우리는 '추억들을 가지고 있다'라는 말로는 부족하다. 바로 우리가, 우리 자신이, 바로 이 추억 자체이기 때문이다. 서구 문화는 시간을 창조적인 것이기보다는 파괴적인 것으로 보는 경향이 있다. 의학적으로 뇌가 축소되고 해마 영역이 위축되고 작업 기억의 수도 줄어들고, 장기기억도 영 시원치가 않다. 이게 바로 늙어가는 기억에 관한 의학적 결과이다. 그러나 추억은 쌓여가는 시간과, 우리 속에 있는 과거의 모습들을 그려내는 방법이다. 시간은 단순히 흘러가는 것이 아니다. 시간은 뜨개질처럼 짜여지는 것이다.

추억은 개인 정체성의 근본일 뿐 아니라 종교적 정체성의 핵심이기도 하다. 추억은 우리 삶 속에 있는 하나님의 현존을 드러낸다. 추억은 과거로 거슬러 올라가는 신성한 여행이다. 문득 기억나는 일이 있다. 나와 집단상담을 했던 노인들 중 한 분이 나를 울린 적이 있다. 당시 집단상담 리더였던 나는 참여자들에게 자기를 표현하는 시를 하나씩 써오라고 주문을 했었다. 그분은 '나는 바보입니다'이라는 시를 지어서 왔다. 84세가 되어서 한글반에 들어간 자신을 부끄러운 바보라고 적었다. 남편이 죽은 후 써야 하는 사망증명서에 남편 이름을 쓰지 못했던 바보라고 불렀다. 손주 이름을 호적에 올리려고 동사무소에 갔다가 글을 몰라 되돌아왔던 바보라고 불렀다. 나뿐만 아니라 그 집단 참석자들은 더듬거리며 읽는 그분의 입만 바라보고 있다가 하나둘씩 눈물을 흘렸다. 여기저기서 훌쩍거렸고 간신히 울음을 참는 남성도 있었다. 발표가 끝나고 모두가 "얼마나 힘들고 속상하셨어요?"라고 하자, 그분은 "그게 힘들었을 수도 있어요. 그런데 지금 돌아보면 그게 추억이잖아요. 그런 추억이 있으니까 이렇게 태어나서 처음으로 시를 써보구요. 잘 못 썼지요?"라고 말했다. 그 말이 끝나자마자 그 시를 들은 사람들은 모두 박수를 치며 눈에 남은 눈물을 훔쳤다. 우리는 모두 그런 추억이 필요하다.

우리 추억이 어떻게 거룩하고 고귀한가? 이 장에서는 우리의 추억이 갖는 종교적인 의미의 네 가지 측면을 살필 것이다. 첫째, 종교는 추억이다. 둘째, 추억은 인생의 신비의 담지자이다. 셋째, 추억은 치료제이다. 넷째, 추억은 예배의식이다.

추억과 종교 정체성

성경에서는 주인공들이 죽어갈 때 "연수가 찼다"라고 표현한다. '때가 되었다'라는 말이다. '때'란 무엇인가? 이 말은 기억에 대한 가장 심오한 의미를 갖고 있다. 왜냐하면 철학자 화이트헤드가 말한 대로 추억은 정말 현존(presence)의 또 다른 말이기 때문이다. 지난 일들은 없어지지 않는다. 도리어 우리 존재의 깊숙한 곳에 자리 잡고 살아 움직이고 있다. 현재는 과거 경험 위에 움직인다. 우리에게 영향을 미쳤던 전부를 기억하지도 또 알지도 못한다 해도 말이다. 참으로 '때'이다. 알다시피 우리가 일생을 살면서 형성하는 관계들은 겉으로 나타나는 대로 스쳐 지나가는 것들이 아니다. 그 관계들은 우리 자신을 비추는 창이다. 관계들은 그 시작과 동시에 우리 삶의 구조에 들어온다. 과거는 쌓이는 것이고 현재의 구성요소가 된다. 이것이 바로 기억이 자존감의 기본이 되는 이유이다. 자존감은 자신을 존재하게 하고 사랑하게 하는 힘이다. 그리고 추억은 자존감이다.

많은 노인들이 인생 기억들을 한데 모으며 시간을 보낸다. '그땐 그랬었는데', '우리 때는 있을 수도 없는 일이었는데', '지금하고는 천지 차이지.' 이런 비교는 기억에서 시작된다. 일부 노인들은 미래의 가족 세대를 위한 선물로 자신의 인생 이야기를 글로 적어둔다. 조선시대 할아버지의 육아일기인 《양아록》은 손주를 본 이문진이 아이를 키우면서 겪은 다양한 일들을 엮어놓은 책이다. 이 책은 '나중에 손주가 커서 자기가 어떻게 성장했는지 보라고' 쓴 책이다. 조선시대 조부모가 손자녀를 가르치는 격대교육이 자주 있기는 했지만 이문진의 기록처럼 세세한 사건을 추억으로 남기고 이를 다음 세대의 삶의 자리로 넘겨주는 일은 '기록'이자 '기억'이다.

어떤 이들은 해묵은 편지를 또 읽어보고, 스크랩북을 뒤적이거나, 어린 시절이나 성장기에 기억에 남는 장소를 방문한다. 그들에게 모임이라는 것도 비공식적인 경우가 많고 옛날 잘나가던 노래를 흥얼대는 정도가 다다. 80대 중반을 훌쩍 넘긴 필자의 시아버지는 늘 뭔가를 쓰고 또 쓰신다. 그 습관은 노년기에 갑자기 생긴 것은 아니다. 1950~1953년 한국 전쟁 중에 포로수용소에서 빼곡히 적어놓은 네 권의 공책묶음이 있다. 한글과 일본어, 영어를 골고루 섞어 쓴 그 글에는 당시 북쪽을 선택한 사람들이 불렀던 〈김일성 찬가〉의 가사, 수용소 내에서 군사 훈련이 어떻게 이루어졌는지, 누가 도망을 가다 사살당했는지, 떨어져 있는 남녀 수용소에서 어떻게 사랑이 이루어지는지, 미군이 따로 준 음식이 얼마나 맛있었는지, 포로생활을 하며 살아간다는 것은 무엇인지, 미래에 대한 두려움 등이 세세히 적혀 있다. 미군이 사용한 종이포대를 오려 겉표지를 하고 풀과 클립으로 단단히 고정되어 있는 네 권의 공책을 보시며, 시아버지께서 이렇게 말씀하셨다. "그때는 날마다 죽을 수도 있구나 이런 생각을 하고 살았는데. 정말 간신히 살아났지. 그때를 생각해보면 지금은 아주 편하고 행복하지. 이런 게 행복이지, 그때는 행복이 없었지."

추억은 익숙한 것들에서 나온다. 과거가 묻어 있는 것에서 출발한다. 나이가 들어가면서 추억이, 과거가 얼마나 중요한가! 해묵은 낡은 책상이나 침대를 치워버리고 거기에 최신 모델로 나온 것으로 바꾸라는 자식들의 압력이 있을지도 모르겠다. 그러나 우리는 그 책상에, 그리고 그 침대에 인생 추억이 묻어 있다는 것을 알고 있다. 그 책상과 그 침대가 슬플 때나 기쁠 때 우리가 돌아갈 곳이기 때문이다.

추억, 곧 회상은 자신을 찾는 영웅의 이야기의 출발점이다. 집단 상담에서도 회상요법을 가장 많이 사용한다. 과거에 대한 회상을 통해 과거의 자신을 정리하고 현재의 자신을 조명하며, 앞으로의 자신의 삶을 구상하는 에너지원을 추억에서 얻게 된다. 젊은 시절 조심스럽거나 수치스럽던 기억들이 추억의 현장에서는 웃음이나 유머로 변화한다. 삶의 균형이 이루어지는 시기, 감정의 조화가 시간을 넘어서는 시기가 되는 것이다.

무엇인가 기억한다는 것은 우리 삶의 유형, 즉 각각의 삶의 경험을 독특한 것으로 만드는데 거기에 의미를 부여하는 데에는 각각 유형이 있다. 이 유형은 부분부분이 연결되어 전체를 이루고, 그전에는 의미가 없던 경험들에 의미를 부여한다. 나이가 들어감에 따라 우리가 삶의 파편들에서 통합된 자신을 맞추어내려는 이유가 바로 그것이다. 인생 퍼즐의 과정과 완성이다. 집단상담에서는 이런 기억 경험은 몹시 흥미롭고 중요한 자료가 된다.

노화에 대해 노인연령차별주의를 없애야 한다고 소리 높이는 정신의학자 로버트 버틀러(Robert N. Butler)는 인생을 관조하는 경험이 노인들 간에 보편적인 것이라고 말한다. 곧 회고의 목적은 죽음을 예측하고 이를 준비하기 위한 전초작업이라는 말이다. 알려진 바와 같이 노년기에는 망각이 증가한다. 사소한 것일수록 기억의 흔적조차 없다. 큼직한 사건들도 희미해져 버린다. 그러나 바로 이 시기에 우리는 우리 지난 삶을 솔직하고도 침착하게 바라볼 수 있는 여유가 생겨난다. 생에 대한 여유를 가지고 삶을 회상하는 과정은 지난 죄과의 보상이나 관계의 화해, 내부 갈등의 해결을 가져올 수도 있다. 물론 회상이 모두 행복하고 회복적이지만은 않다. 때론 풀리지 않은 갈등이나 과거의 불만족을 되새기다 우울증, 분노, 인생이 허망하다는 생각이 마음을 사로잡을 수도 있다. 사회심리학자 에릭 에릭슨은 인생을 8단계로 나누고 각 단계마다 인생 숙제가 있다고 말한다. 인생 숙제를 잘 한다면 성공적인 삶이고, 그렇지 않은 경우 인생의 위기가 온다. 특히 노년기에는 인생 주기를 받아들이지 못할 경우 혐오스러워하며 죽음과 절망을 두려워하게 된다. 생각하기도 두려운 '절망'의 현장에서조차 기억은 현재 삶의 통합과 평화를 제공하며, 왜 신앙이 중요한가를 짚어낸다.

신앙은 세계관이고 신앙은 해석의 창이다. 특히 신앙은 우리 기억에 중요한 차원을 더한다. 신앙을 가지고 있을 때 우리는 기억을 단지 모아놓고 감상하는 컬렉션이 아니라 되짚고 재해석하여 삶을 '절망'에서 '통합'으로 이끄는 통로로 활용할 수 있다. 우리는 하나님 앞에서 우리의 삶을 되돌아본다. 하나님 앞에서 돌아보는 삶은 고통을 과정으로, 현실을 새로운 통찰의 장으로 창조한다. 그렇듯 기억은 추억과 종교 안에서 공통분모 역할을 한다. 성서는 모두 이야기이고, 기억이다. 구약성서나 신약성서 가릴 것 없이 이스라엘은 성서라는 큰 추억의 창구를 통해 하나님이 이스라엘에게 하셨던 이야기를 되새겼고, 어떻게 하나님이 이스라엘의 불충 가운데 신뢰를 보이셨는지, 하나님의 현존이 시련의 시기에 이스라엘을 어떻게 지지해주었는지를 반복하여 말하였다. 현대 기독교인들은 2000년 이상 지난 기억을 통해 하나님의 사랑과 그 살아계심을 증명한다. 이는 과거가 현재의 용기가 되고, 기억이 우리의 희망이 된다는 것을 말한다. 현재는 과거의 용광로를 통과한 정제된 주물, 기억의 덩어리다.

그렇다면 우리는 무엇을 해야 하는가? 성서가 우리에게 기억으로 말하고 추억으로 남기듯, 우리 역시 현재의 이야기를 말하고, 또 말해야 한다. 현재의 기억은 미래의 주물이다. 기억은 반복되며 추억이 된다. 노인들의 이야기는 반복되며 역사가 된다. 말하고 다시 말하라. 그리고 그 의미를 창조하며 듣고 다시 들어라. 반복은 의미를 더 견고하게 한다. 기억은 역사의 반복이다.

추억은 일상의 신앙고백이다. 우리의 신앙고백은 하나의 드라마, 놀라운 이야기이다. 크리스천의 신앙고백은 자신의 삶과 신앙의 점수이다. 안양 소재 한 대학의 대학원에서 '노년기 상실과 죽음 상담'이라는 과목을 가르칠 때 학생들에게 신앙의 의미에 대해 글을 쓰는 과제를 낸 적이 있었다. 당시 중년의 나이에 학부생들 사이에서 새 인생을 살고 있던 늦깎이 학생을 기억한다. 그녀는 당시 수업에 있는 모든 학생들에게 자신의 인생 이야기를 실타래 풀듯 하나씩 용기 있게 풀어주었다. 그녀는 2년전 사별을 하고 아직 대학교, 고등학교에 다니는 두 딸을 키우며 학교를 다니고 있었다. 아래의 이야기는 사별 이후 아이들을 키우며 살았던 이야기의 일부이다.

> 어느 날 갑자기 암 진단을 받은 거예요. 남편은 군인이었기 때문에 통합병원에서 1년을 넘게 있었어요. 당시에는 뭐가 뭔지, 이게 나에게 일어난 일인지 도무지 현실감각이 없었어요. 슬퍼할 겨를도 없이 수술을 받았지요. 하지만 더 이상 어쩔 수가 없다는 걸 알았어요. 그래서 우리는 여행을 하기로 했습니다. 아이들을 데리고 전국 각지를 다니며 아빠에 대한 추억, 남편에 대한 추억을 담았어요. 두 달을 꼬박 여행을 하며 보냈어요. 다니다가 많이 아프면 근처 병원에서 모르핀(강력진통제)을 맞았어요. 날짜를 받아놓은 것을 뻔히 아는데, 도무지 병원에서 그냥 누워 있다가 이 사람을 보낼 수가 없는 거예요. 내가 내 의지로 선택해서, 사랑했던 사람하고 같이 먹고 같이 눕고 같이 다니고 같이 웃고 했던 그 자리가 있는 곳에서 살고 싶었어요.
>
> 여행을 마무리하고 다시 병원으로 들어갔어요. 그리고 여행은 그게 마지막이었어요. 병원에 돌아오자마자 상태가 많이 안 좋았죠. 그래도 남편은 함께했던 시간이 좋았다고 무척 행복해했어요. 그 후로 우리는 1년을 같은 병실에서 지내고, 침대도 같은 침대에서 꼭 껴안고 잤어요. 우리 부부는 병원에서 이름만 대면 아는, 그런

유명인사가 되었어요. 같은 밥숟가락으로 서로 주고 받으면서 밥 먹었어요. 지금 생각해보면 어떻게 그랬나 싶은데, 돌아보면 잘했다, 그래 잘했다, 그런 생각이 들어요.
남편이 가고 나면 어쩌나 겁이 났어요. 그러면서도 남편은 하나님은 돌이키시고 회복시키신다며 나를 위로했어요. 나는, 적어도 나는 그 사람을 통해서 하나님을 다시 만났어요. 우리가 함께했던 그 많은 시간들, 아이들의 미소와 웃음소리, 그 긴 군대 생활, 그리고 기억에 남는 여행, 그 모든 순간에 하나님이 함께하셨다는 것을 경험했어요. 남편이 가고 1년 동안은 어떻게 살았는지 모를 정도예요. 정신이 나간 사람 같았죠. 그런데 어느 순간 같이 갔던 여행이 생각났어요. 그리고 다시 그곳을 찾아가 남편과 나누었던 감사를 기억했어요. 그리고 남편과 함께한 시간이 주었던 의미를 깨닫게 되었어요. 하나님이 그곳에 계셨다는 걸요.

신앙은 시간 속 인생 여정 속에서 하나님의 현존을 하나씩 이야기하는 것이다. 이것은 특히나 우리가 나이를 먹고 우리 인생의 덧없음을 충분히 느낄 때 절실하다. 시간에 휩쓸려가는 자신을 붙잡을 유일한 방법은 이야기이다. 노인들만이 전체 인생 주기가 어찌하여 하나님의 현현인가를 삶을 통해 알고 있는 사람들이다. 스토리텔러(story teller), 노인들은 이야기꾼이다. 신앙을 해석의 틀로 삼고 현상을 수면으로 끌어올려 의미를 부여하는 의미의 부여자이자, 자신이 의미의 담지자이다. 자신이 곧 이야기이다.

개개인이 신앙의 여정을 나눌 때, 공동체는 여정의 출발점이 되고 여정의 종착지가 된다. 모든 이야기는 나름의 독특성, 내부 환경, 이야기꾼의 결정이 들어 있다. 그러나 실은 그 이상이다. 이야기는 개인의 이야기로 한정되지 않는다. 우리 모두가 가지고 있는 공통의 두려움, 공통의 기쁨, 그야말로 공통의 희로애락을 담아낸다. 같은 시대를 살아가는 동일한 연령대의 사람들은 다른 사람들의 이야기를 들으면서, 스스로 "그래, 그땐 그랬지. 나도 그랬어."라고 말하게 된다. 우리는 이 세상 속에서 외롭지 않다는 것, 우리와 비슷한 이들이 있다는 것을 알게 된다. 유사한 경험을 나누는 사람들과 함께 호흡하며 살아간다는 것은 소속감을 갖게 하고 그 속에 새로운 생명력을 보듬게 한다.

기억이 깜박이는 경험이 있을 것이다. 과거 뚜렷했던 내용들이 어느덧 나이가 들어가면서 이름이나 날짜 같은 세세한 사항들은 잘 생각이 나지 않을 것이다. 그러나 놀랍게도 과거 삶에서 핵심적인 부분들은 비교적 또렷이 기억하고 있다. 인생의 향방을 바꾸어놓았던 사건이나 결정들, 친구들에게 빚졌던 사랑, 간신히 극복해낸 시련, 보란 듯 이루어낸 업적, 뼈에 사무치도록 잊지 못할 슬픔과 기쁨. 이 모든 순간들은 우리가 이미 까맣게 잊고 있는 세세한 사항들보다 훨씬 더 중요한 것들이다. 하나님 앞에서 우리는 잊고 지낸 경미한 내용보다는 우리 삶의 이 큰 차원을 기억한다. 이 차원은 우리 삶의 정체성과 자존감을 강화시켜줄 뿐 아니라 우리 속에 하나님의 놀라운 현존을 깨닫게 해준다.

추억은 아름답다

어린 시절 재래식 화장실에 빠진 적이 있다. 일명 '푸세식' 화장실에 빠진 6살짜리 꼬마를 상상해보라. 간신히 구조가 된 것까지는 좋았다. 문제는 누구도 나를 만지려 하지 않았기에 온몸에서 똥이 뚝뚝 떨어지는데도 필자는 동네 사람들에게 둘러싸여 꽤 오랜 시간 혼자 서 있었다. 얼마나 지났을까? 아버지가 멀리서 달려오시더니 똥범벅이 된 나를 덥석 끌어안으며, 특유의 평양 사투리로 "호선아, 괜찮다. 걱정 마라."라고 말씀하셨다. 그제서야 울음이 터지고, 아버지의 품에 안겨 동네 앞 개울에서 온몸을 씻을 수 있었다. 그때 떨어지는 똥을 먹겠다고 주변에 물고기가 한가득 모여들었다.

과거를 기억하고 과거를 찾아가기 시작하면서, 우리는 다시 한 번 사랑과 치유를 경험하게 된다. 뭔가를 기억하는 것은 무엇인가? 단순히 과거로 돌아간다는 것이 아니다. '기억한다(re-member)'는 과거를 현실로 가져와 현재의 결정이나 행동에 영향을 미친다는 뜻이다. 곧 기억은 현재를 풍성하게 하고 치유하는 힘을 가진다. 추억은 안락과 화평의 봉인된 저장고다. 꼭 닫힌 저장고의 봉인을 여는 방법은 바로 추억과 기억, 그리고 그 추억과 기억을 기도로 표현하는 것이다. 돌아보면 아찔한 위기의 순간이 많았다. 그 위기의 순간에 경험한 은혜, 그 복을 세어보게 된다. 그 신비한 은총 경험의 순간, 시공간을 초월해 가슴이 찌릿거린다. 일부러 시간을 내어야 간신히 생각하게 되는 기억들일 수도 있다. 그러나 고통의 기억은 항상 기쁨의 기억을 앞지르고, 비극은 더 오래 마음에 남는다. 은총의 황홀함을 기억하기 어려운 순간들도 있다.

과거를 볼 수 있는, 기억을 볼 수 있는 창구가 있다. 사진이나 비디오, 엽서, 70년대 우표가 붙어 있는 편지들이 그것이다. 발도 닿지 않는 자전거에 올라 앉아 성취감에 당당한 7살, 예방접종으로 퉁퉁 부어오른 팔을 툭 치고 도망가는 오빠 앞에서 울음이 터져버린 12살, 처음으로 가져본 롤러스케이트, 큰오빠의 결혼식, 가족들과 함께한 휴가, 친구들과 함께한 생일잔치, 나의 결혼, 첫아이의 탄생, 둘째 아이의 돌잔치, 그리고 아이들의 성장, 결혼, 그리고 은혼식. 이들 중 하나를 택해보라. 처음의 그 느낌, 그 순간에 잠겨보는 시간을 가져보라. 기분이 어떤가? 누가 있었는가? 무엇이 가장 좋았는가? 자세하게 이 장면들을 생각해보고 처음 그 일이 있었을 때 그 사랑과 그 기쁨을 다시금 느껴보라. 단순히 옛 일, 오래전 이름, 장소 같은 사실 자체를 기억하는 것은 전혀 중요하지 않다. 중요한 것은 다시금 그 순간을 깨우치는 것이다. 바로 여기서 그 느낌을 다시 느끼는 것, 바로 치유이다. 기억만으로 우리는 과거로 돌아가고, 그 과거에 참여하는 의식만으로도 치유는 일어난다.

한 어르신이 이 경험을 이렇게 말한 적이 있다. "좋은 일들도 있었는데, 나는 대부분 안 좋은 일들이 떠올라요. 실패했을 때 같은. 그때를 생각하면 기분이 안 좋아지죠. 조금만 화가 나면 남편이 잘못한 일들이 40년 전 것부터 순서도 안 틀리고 다 나와요. 그래도 이렇게 기회가 되어서 남편이 내게 좋은 말을 해주던 시절로 되돌아가 보니, 그것도 좋아요. 지금 다시 나한테 그런 말을 해주는 것 같더라구요. 그러고 나니까 내가 사랑받고 있다는 느낌이 들어요."

한 장면도 좋고 여러 장면도 좋다. 그 장면마다 있었던 하나님의 은총, 하나님의 임재를 경험하자. 마음을 열고 맞아보자. 겁이 났던 순간 기도하면서 힘을 얻었던 때가 떠오르고, 고마웠던 담임선생님, 행복했던 가족여행, 실직한 날 손을 잡아주던 아내, 40년지기 친구의 미소, 이 모든 장면 속에 하나님이 함께하시고, 그 장면들에는 영원을 만들어가는 찰나들이 있다. 감사하게 되고 기쁨을 경험하게 된다.

독일 속담에 '연습이 대가를 만든다'라는 속담이 있다. 기억하기도 연습이 필요하다. 연습은 더 많은 기억과 감사를 가져올 것이다. 기억이 많이 떠오르지 않는다고 속상해할 필요 없다. 느린 것이 추억하기에는 더 좋다. 천천히 가면서 그 전에는 미처 이해하지 못했던 것들을 새롭게 보게 된다. 당시에는 죽고 싶었고, 돌이키고 싶었고, 넘을 수 없을 것 같았지만, 지금 여기에서 생각하면 이해가 되고, 그 자리가 맞았고, 잘 넘겼다. 나이가 믿기지 않을 정도로 젊어보이는 78세 여성이 10주간 상담을 마치고 필자에게 이렇게 말한 것을 기억한다.

안 보이더라구요, 그때는.
지금은 보이는데
갈 수가 없었어요, 그때는.
지금은 왜 못갔나 싶어요.
그치만 지나고 보니 잘한 거예요.
하나님이 나중을 알고 그리하셨나봐요.

과거 사건들이 갖는 종교적 의미를 해석하고 평가하는 데는 시간이 걸리기 마련이다. 인생의 신비로움을 천천히 그러나 꾸준히 묵상하면서 여명처럼 터오는 하나님의 빛의 은총을 밝게 보게 되고 난 생처음으로 그것을 차분히 분명하게 평가하게 된다. 그 시간은 과거 사건의 평가를 수정하고 새롭게 해석하며 자신을 확장하는 장이고, 신앙의 역사가 한데 모이는 장이다.

그런 추억들로 우리는 하나님이 우리를 사랑하신다는 것을 경험하게 된다. 나이가 들면서 '쓸모없다'는 말이 뭔지 알겠다고들 말한다. 인간이 용도는 아니다. 그러나 역할 속에서 우리는 존재감을 발견하곤 한다. 자신의 가치를 발견하고 자신을 사랑하는 마음을 자존감이라고 한다면, 그 자존감은 우리를 향한 하나님의 사랑에 뿌리를 두고 있다. 그 사랑은 듣는 사랑이 아니다. 체험을 통해 발견하는 사랑이고, 묻혀도 빛이 나는 사랑이다. 경험으로 만져지고, 기억으로 조명하여 점차 굳어가는 땅처럼 단단한 사랑이다.

《아직도 가야할 길》의 저자 스캇 펙은 우리에게 필요한 삶의 가치들에 대해 말한다. 과거는 지난 종이조각처럼 없어져 버리거나 폐기처분 위기에 놓인 것이 아니다. 과거에서 가지는 사랑과 힘이 현재의 풍요로움으로 나타나고, 이제 곧 현재는 미래에 새로운 창조적 방식으로 나타나게 될 것이다. 노인들은 이 모든 것을 가르쳐준 사람들이며, 이 사람들의 방식을 다음 세대는 그들만의 방식으로 이해하게 될 것이다. 이런 성숙한 대화, 거룩한 전달은 믿음과 사랑으로 굳어진 단단한 관계에서 온다. 이러한 교제는 곧 세대를 통해 전달되는 하나님의 사랑이다.

추억의 치유효과

인생은 희로애락이 한데 얽혀 그중 어느 하나를 따로 떼어 이것이 희(喜), 이것은 노(怒), 그것은 애(愛), 저것은 락(樂)이라고 말하기 어렵다. 특히 노인들 중에는 과거 두렵고 고통스런 기억들 때문에 기억하기 자체를 거부하는 경우도 있다. 노년에도 풀리지 않는 고통의 사슬이 행복한 기억들까지 잡아먹는다. 과거를 바라보는 방식이 우리가 현재를 사는 데 지대한 영향을 미친다는 점은 주지의 사실이다. 지난 세월에 대한 후회와 아픔, 죄책감, 혼돈, 미해결과제 등 많은 기억과 문제들이 과거의 생채기가 되어 현재 그 흉터만 봐도 저릿한 경험이 있을 수 있다. 치유되지 않는 과거에 대한 두려움 때문에 노년을 아픔과 고통 속에 살아가야 하는 노인들이 있다. 자신의 과오를 죄스럽게 여기고, 날마다 회개하고, 늘 숨어 살고, 고개를 떨구는 노년이라면, 추억의 치유효과는 노년에 받는 중요한 은총이 된다.

두려움이 해결되고, 죄책감이 사라지고, 혼돈이 제거되고, 일들이 해결되고, 아픔이 치유된다면 그곳은 바로 은총의 공간이다. 추억은 새 세상이 주는 인생의 새로운 해석틀이다. 새로운 틀로 바라본 과거는 아픔이 성장으로, 죄책이 소생으로, 혼돈이 과정으로 변한다. 추억은 과거를 새롭게 치유한다. 추억은 은총이다.

구약성서를 가만히 들여다보라. 역사가 같은 패턴의 사건들로 이어져 흘러간다. 이스라엘의 범죄, 이어지는 회개, 그리고 곧 하나님의 용서, 마지막으로 새 약속. 그리고 다시 이스라엘의 범죄, 회개, 용서, 약속. 역사는 범죄와 용서의 반복을 통해 흐른다. 출애굽 사건은 이를 단적으로 보여준다. 이스라엘은 사막에서 역경을 만나자 원망한다. 평안을 빌고자 금송아지에게 절을 한다. 이스라엘이 여정을 지속하려면, 이스라엘은 회개하고 실패를 용서하시는 하나님을 받아들여야 한다.

이것은 무엇을 말하는가? 하나님과 인간의 관계에서 용서와 치유는 필수적이며, 이 과정을 통해 새 언약이 이루어진다. 노년기 치유는 새로운 삶을 위해 반드시 넘어야 할 과정이다. 절망보다는 지혜로 노년을 살기 위해서는 말이다.

신앙에 대해, 그리고 추억에 대해 이야기하자면 성서의 이야기를 되짚게 된다. 추억으로 신앙을 말하는 성서 인물들은 노년에 죽음을 앞두고 과거를 회상한다. 이 회상은 추억이 어떠한 치유경험이 되는지, 어떤 치유효과를 갖는지를 잘 설명해준다. 모세가 그러하고 요셉 또한 그러하다.

요셉 이야기를 해보자.

요셉의 이야기는 창세기 37장부터 50장까지 긴 분량을 차지한다. 요셉 이야기는 이미 애니메이션 〈이집트 왕자 2: 요셉 이야기〉로도 만들어졌다. 지략이 뛰어나고, 예지력을 지녔던 요셉은 어린 시절부터 11명의 형제들의 틈바구니에서 질투를 받으며, 급기야 형제들에게 버려진다. 철부지 어린 시절부터 버려지는 경험, 노예시절, 유혹과 투옥 이후 너그러움과 베푸는 자로 변화하기까지 요셉의 여정은 험난한 파도가 이는 바다와 같다. 아버지 야곱의 총애를 받은 요셉은 형제들에게서 따돌림을 받고 결국 이집트에 노예로 팔려가고 아버지인 야곱은 사랑하는 아들 요셉이 죽었다는 말을 듣게 된다. 이후에 기근으로 야곱과 그의 막내 므낫세를 제외한 아들들은 이집트로 양식을 사러 떠나게 된다. 요셉은 이집트의 두 번째 서열까지 올라와 있었다. 몇 차례 형제들을 속이고는 형제들 앞에 모습을 내놓고 이전에 형제들이 그에게 부당하게 했던 행동을 용서하고, 가족들을 이집트의 자신의 근방에 살게 한다. 시련을 이겨내고 성공했을 때, 요셉은 용서하고 행복한 사람이 되었다. 아버지, 형제들, 이웃들, 그리고 그의 문제들과 화평을 이루게 된 것이다. 그리고 임종을 맞아 요셉은 자신의 삶을 회상하며 이렇게 말한다. "나는 여기서 죽습니다. 그러나 하나님은 반드시 여러분들을 찾아오실 것입니다. 그러면 우리는 약속의 땅으로 돌아갈 것입니다." 임종의 순간 요셉은 기억을 통해 용서를, 유언을 통해 새 삶을 약속한다.

모세를 보자. 모세는 출애굽에 대해 말하기 전에 이미 흥미로운 인생을 시작한 것으로 유명하다. 모세가 '물에서 건진 자' 아닌가? 이 이야기 역시 〈이집트 왕자: 모세 이야기〉로 잘 알려진 애니메이션 주제이기도 하다. 모세는 이스라엘인으로 태어나 죽임을 면하고 왕족 신분으로 살다가 이스라엘을 해방시키고, 이스라엘 사람들과 함께 이집트를 떠나 새 세상으로 간다. 홍해가 갈라지고, 수많은 시련을 겪어가며 지혜를 배우고, 섬김을 경험한다. 80년의 삶의 끝에 모세는 진정한 자신의 시련의 열매를 다음 세대에게 남긴다. 신명기 4장 9절과 39-40절은 모세의 유언이 담겨 있다. "오직 여러분은 스스로 삼가며 자신의 마음을 힘써 지키십시오. 여러분들이 눈으로 직접 본 것들을 잊어버릴까 봐 염려가 됩니다…. 그러므로 여러분은 오늘날 오직 여호와는 세상의 하나님이시요, 다른 신은 없다는 것을 기억하고 오늘 내가 여러분에게 말하는 여호와의 규례와 명령을 지키십시오. 여러분과 여러분 후손이 복을 받아 네 하나님 여호와께서 네게 주시는 땅에서 한없이 오래 살 것입니다."

서방의 신화는 이러한 장면을 부연해준다. 곧 지혜는 지혜로 가는 길을 포함하고 있다. 출발하고 시련을 맞으며 다시 되돌아오는 코드를 가지고 있다. 헤라클레스가 그랬고, 오디세우스가 그러했다. 이 모든 지혜의 여정에서 공통적인 경험을 한다. 즉 우리는 과거 기억에 대한 이유와 용서를 통해 절망에서 벗어나게 된다. 어떤 이들은 70대와 80대에 들어서서도 과거 부모가 자신에게 불공평했고, 자신은 상처를 받았다고 분노하고, 이미 죽어 존재하지 않는 부모를 원망한다. 반대로 자신이 자녀에게 했던 잘잘못들을 일일이 손으로 꼽아가며 후회를 하고, 죄책감을 갖는다. 자신의 상처에는 민감하면서, 친구나 친척의 과오는 이를 갈며 갚겠다 다짐을 한다. 그러나 알고 있는가? 이러한 뿌리 깊은 분노와 상처는 결국 곪아터지는 종기처럼 자신의 행복의 기억을 갉아먹고, 삶의 기억들을 분노의 색으로 덧칠해버린다. 그곳에 평화와 공존은 없다.

노년의 행복은 기억에 있다. 기억을 통해 기도하고, 추억으로 사랑하고, 용기를 내는 시기이다. 이 모두 인생의 보상이다. 노년기의 잃어버린 청춘의 보상은 추억과 기억에 있다. 그 속에서 하나님은 우리를 도우신다. 지난 삶마저도 좋은 도구가 될 수 있으니 말이다. 과거 그 시점의 통증과 아픔, 삶의 고통이 있던 흔적은 이제 지혜를 전하고 사랑과 용기를 말하는 주제가 되고 소재가 된다. 우리가 변화하듯이 과거가 가지고 있던 꼼짝 않던 그 의미도 변화한다. 의미는 기억 속에 허물을 벗게 되고 새롭게 태어나게 된다.

2009년 소천한 김수환 추기경의 유언을 모두 기억할 것이다. "평생 과분한 사랑을 받았습니다. 서로 사랑하고 용서하십시오." 이에 대해 법정 스님은 다음과 같이 말했다.

> 하나님을 말하는 이가 있고 하나님을 느끼게 하는 이가 있다.
> 하나님에 대해 한마디 하지 않지만 그 존재로서 우리가 하나님과
> 함께 있음을 영혼으로 감지하게 하는 이가 있다. 우리는 지금
> 그러한 이를 잃은 슬픔에 젖어 있다. 그 빈 자리가 너무 크다.
>
> – (김수환 추기경을 애도하며) 법정 스님

노년기 우리에게 필요한 것은 용기와 용서, 그리고 사랑이다. 그리고 이 모든 것은 기억과 의미에 기원을 둔다.

그러고 보면 노인들이 고집이 세고 더 이상 변할 수 없다는 것은

결국 적절하지 않고, 도리어 위험한 편견임이 분명하다. 추억으로 하는 치유는 하나님의 부르심에는 때가 없으며, 노년기가 새 삶을 위해 결코 늦은 시기가 아니라는 점을 보여준다.

그런 면에서 노년은 변화를 위한 특별한 기간이다. 우리는 분노와 갈등을 위해 더 이상 귀중한 인생 에너지를 쓸 필요가 없다. 그리고 노인들은 그 사실을 잘 알고 있다. 사랑하며 살기에도 짧은 삶이다. 노인들은 삶에 대해 많은 것을 배웠고 때로 삶의 한계를 마주할 준비도 되어 있다. 물론 나이가 더 들어가면서 상대적으로 사랑하고, 용서하고, 용기를 낼 수 있는 기회도, 시간도 점차 줄어간다. 시간에 짧기에, 더 줄어들고 있기에 노년기는 아직 가야 할 길 위에서 하나님의 치유와 용서를 받아들이기에 더 좋은 시간이 된다. 노년기는 용서와 사랑을 위한 특별한 시간이 된다.

십자가에 못박힌 예수는 죽음을 목전에 두고 기도한다. "아버지여, 저들을 용서하소서. 저들은 그 하는 바를 알지 못하나이다."(눅 23:34) 이 말씀은 죽음을 앞에 두고 노화가 보여주는 용서의 차원을 보여준다. 먼저 용서할 의지를 가져야 한다는 점이다. 다른 사람을 용서하기 위해서 우리가 할 수 있는 최선은 그 사람의 상황에서, 이른바 역지사지(易地思之)의 관점에서 상대를 보는 것이다. 그 사람의 상황 속에서는 그 사람의 거짓말이, 그 사람의 고통과 상처와 분노가 이해될 수 있다. 무엇이 그 사람으로 하여금 그런 행동 혹은 그런 말을 하게 한 것일까?

두 번째는 현재를 긍정하는 힘이다. 현재는 과거를 추억 속에서 재해석할 수 있는 힘이 있다. 이 긍정의 힘은 과거를 재해석하고 용서의 범위를 확대한다. 산에 가본 적이 있는가? 산 속에서는 산의 모양을 볼 수 없다. 발길을 채는 나무뿌리와 숱한 나뭇잎, 어두운 길, 공포스런 소리뿐이다. 처음 가본 그 산 속에서 나는 고립된 사람이고, 산의 모든 것들이 나를 위협하는 것들이다. 산을 보기 위해서는 산 밖으로 나와야 한다. 내가 갔던 산에서 다시 내려와 먼 거리에서 산을 보면 그제야 산이 보이고, 산이 가진 아름다움과 산에 난 분명한 길이 보이고, 두렵던 소리가 풍경과 어우러져 탄성으로 뒤바뀐다. 어두운 길은 운치 있는 산책로이고, 튀어나온 나무뿌리에 걸터앉아 쉴 수 있음을 알게 된다. 지나온 산은 추억이고 멀리서 본 산은 향수이다. 기억이 갖는 긍정의 힘이다. 기억 속에서는 고통스런 경험마저 축복이었다고 믿게 된다. 과거는 대개 어렵고 힘든 면만을 보기 쉽다. 그러나 하나님은 우리의 흉터 속에서 추억을 읽게 하고 고통의 기억 속에 감사의 조건을 주신다.

IMF 시대를 겪으며, 참 많은 것이 달라졌다. 어떤 사람들은 전부를 잃었다. 직장을 잃고 지위를 잃고 재산을 잃고 모든 것을 잃었다. 아니, 잃었다고 느꼈다. 그러나 그 속에서 가족의 결속을 찾고, 새로운 삶의 의지를 찾았다. 오랜 병으로 시련을 맞은 때도 있었다. 건강을 잃었고 행복을 잃었다. 그렇게 생각했다. 그러나 그 속에서 가족의 헌신을 통해 사랑을 재발견하고, 친구들의 안부와 문안으로 지지와 사랑을 새삼 경험했다.

서울가정법원에서 협의이혼상담을 하는 동안 여러 연령의 다양한 커플들을 보았다. 한 여성은 AIDS에 걸린 남편과의 이혼을 위해 왔다가 남편을 용서하고 새로운 삶을 시작하였다. "왜 나에게 이런 일이 생겼는지 몰라요. 난 평생 다른 사람들에게 해코지한 일도 없는데 말이에요. 남편도 마찬가지예요. 법 없이도 살 사람이죠. 에이즈에 걸렸다는 말을 처음에는 믿지 않았어요. 다음에는 걷잡을 수 없이 화가 났어요. 선생님 말씀을 듣고 생각해보니, 우리는 이번 일이 아니면 싸운 적도 없던 것 같아요. 최고의 아빠였고, 정말 좋은 남편이었어요. 수혈을 받다가 걸린 병이 남편 탓도 아니구요. 이혼을 하러 여기에 왔어요. 정말 최악의 상황만 있었어요. 그런데 어쩌면 지금부터가 더 중요하다는 생각이 들었어요. 얼마 남지 않은 시간동안 함께할 수 있는 시간도 없겠네요. 이혼이 아니라 남은 시간을 준비해야겠어요."

'시간과 거리 두고 살피기'는 치유에 필수적이다. 시간도 필요하다. 그리고 거리를 두고 산을 보는 지혜가 필요하다. 지혜가 노년에 있다는 것이 바로 이 이유이다. 어르신들 말씀처럼 '오래 살고 볼 일' 아닌가! 험한 꼴을 당해보고, 기쁨에 소름도 돋아보았고, 행복으로 마음이 젖고, 슬픔으로 끼니를 끊어본 적도 있다 보니, 지금은 그 고통과 슬픔이 모두 '옛날 일'이 되면서 치유가 되고, 이야깃거리가 된다.

고통은 자신을 동떨어진 사람처럼 느끼게 한다. 나에게만 이런 일이, 왜 하필 지금 그 일이… 울부짖고 통곡을 했다. 생각해보자. 만일 우리가 고통스런 기억이 없었다면, 우리가 하나님께 그리고 내 가족과 친구에게, 그리고 근본적으로는 내 자신에게 돌아가고 살피고 다가갈 기회를 가졌을까? 2010년 어느 관상기도 모임에 참여했을 때, 인도자가 이런 말을 했다.

여러분, 눈을 감고 기억으로 들어갑시다. 고통스러웠거나 슬펐을 때, 상처 입었거나 두렵거나 고통스러웠던 그 장면으로 되돌아가 보십시오…. 그 일을 떠올려보세요. 서두를 필요 없습니다. 아주 천천히 그리고 더 천천히 들어가십시오…. 이번에는 그 속에 주님이 어디에 계신가 찾아보세요…. 주님이 거기에 어떤 모습으로 계신가요? 울고 계신가요? 다독이고 계신가요?… 아니면, 주님이 그 사건 속에 함께 계신다고 상상해보세요…. 이제 주님이 무엇을 말씀하시는지 들어보세요.

치유를 위한 기도는 여유와 시간이 필요하다. 급한 일에 쫓겨서는 과거와 만날 수 없다. 이제 시간을 가졌다면, 상상을 시작하라. 그 상상과 기억 속에서 충분히 상황을 살피고 시간 속으로 들어가라. 그리고 그 속 어디에 하나님이 계신가, 그리고 그 하나님이 어떤 모습으로 계시는지 보라. 그리고 그 하나님과 대화를 시작하라.

과거로 들어가기를 두려워하는 사람들도 있을 것이다. 염려 말라. 과거에 대한 기억이 고통을 휘저어 인생을 고통범벅으로 만들지는 않는다. 이 과정은 우리가 궁극적으로 찾아가야 할 행복과 화해, 평화의 장면에 장애물이 되기에 다루어야 하고 살펴주어야 한다. 이 기억들은 묵힐 것이 아니라 찾아내어 하나님의 치유의 은총을 입어야한다. 기도는 이 기억을 은총의 현장으로 가져온다.

노년에 돌아보면 우리가 스스로를 용서할 필요가 있다. 하나님의 용서와 치유가 필요한 부분이다. 우리는 살아가면서 자신이 입은 상처만으로 고통스러워하는 것은 아니다. 도리어 살면서 다른 사람들에게 주었던 수많은 치명적인 상처들이 있다. 배우자에게 그랬다. 더 잘 지낼 수 있었고 그 마음에 고통을 주지 않을 수 있었는데, 윽박지르고 수치감을 줄 필요까지는 없었는데. 그게 고의적이건 아니건 말이다. 아이들에게도 그랬다. 키우는 동안 실수도 많이 했다. 돌이켜 보면 미안하기 이를 데 없다. 기회를 놓친 적도 있었고 제대로 뒷받침도 못해주었다. 그때는 제대로 못했지만, 돌아보면 어떻게 하면 더 좋았을지 지금은 너무나 잘 알기에 더 미안하고 부끄럽다. 그러나 그때는 그럴 수밖에 없었다. 그래도 나름대로 최선을 다하지 않았는가? 노년기는 이루지 못했던 것들을 받아들이는 시기이다. 과거를 용서하고 현재에서 보람을 찾는 시기이다.

스스로에게 어느 정도 너그러울 필요가 있다. 에릭 에릭슨은 노년기 통합성이 바로 이런 과거에 대한 용서와 삶의 보람에 더 가깝다고 말하지 않았던가! 크리스천으로서 우리는 실수투성이 이야기가 예수님의 이야기 속에 수렴된다는 점을 안다. 예수님의 이야기는 하나님의 사랑과 자비의 비유를 보여준다. 주기도문은 우리가 왜 다른 사람을 용서하고 스스로를 용서하기 위해 애써야 하는지를 보여준다. 하나님이 우리를 용서하셨기에 우리도 다른 이들을 용서할 준비를 해야 한다. 에릭 에릭슨이 말해줬듯이 지혜와 전인성은 우리의 능력과 인생 주기를 이해하고 받아들이는 데서 온다. 혼자 이 일을 해낸다는 것은 역부족이다. 도움이 필요하다. 예수님과 함께 우리의 인생 주기를 걸어간다면 예수님이 우리가 그 일을 하도록 도와주신다.

용서는 나눔이다. 우리가 용서할 때, 다른 이들에게 새로운 방식으로 우리와 다른 이들에게 기회를 주고, 용서하지 않아 생긴 상처가 낫게 된다. 우리가 용서함으로써 그들이 변화하게 된다. 이로써 세상 속에 그리스도의 치유 능력이 확장된다.

> 우리의 죄를 사하여 주옵시고
> 우리가 우리에게 죄 지은 자들을 사하여 준 것같이
> 우리의 죄를 사하여 주옵시고
> 우리를 시험에 들지 말게 하옵시고
> 다만 악에서 구하옵소서. - 〈주기도문〉 중에서

기억은 예배다

기억은 의례를 갖는다. 그 형식과 상징에 있어 유사하다. 주의 만찬 이야기를 기억할 것이다. 주의 만찬은 현대에 '성만찬'으로 되풀이된다. 성만찬 이야기를 잠깐 하자.

초대교회부터 매주 주의 날에 지켜졌던 성만찬은 기독교 예배의 중심이었다. 2세기 경에 초대 교회 교부 저스틴의 증언에 의하면 주의 날에 예루살렘을 중심으로 모였던 그리스도인들은 모일 때마다 성만찬을 가졌다고 한다. 성만찬은 기독교가 탄생할 때부터 오늘에 이르기까지 기독교 예배의 중심적 행위로서 이것은 하나님의 백성이 그리스도를 다시 뵙고 경험하며 주님과의 계약을 새롭게 다짐하는 예전이다. 곧 성만찬은 본질적으로 하나님께서 성령의 능력을 통하여 그리스도 안에서 우리에게 베풀어주시는 은사의 성례전이다. 그래서 모든 기독교인들은 성만찬에서 그리스도의 몸과 피에 참여함으로써 이 구원의 은사를 받게 되는 것이다. 성만찬에서 그리스도께서는 자기 자신과의 영적 교류를 베푸시며, 그리스도의 약속에 따라서 그리스도의 몸의 지체가 된 모든 세례받은 자들은 성만찬 가운데서 죄 사함을 보증받으며, 영원한 생명을 약속받는 것이다. 예수님이 했던 주의 만찬은 출애굽을 기억하는 유월절 식사였다. 유월절 예식은 우리 손에 기호와 미간에 표를 삼아 하나님이 우리를 이집트에서 어떻게 인도해내셨는지를 기억하게 하는 기능을 한다. 그리고 성만찬은 예수님의 만찬을 기억하는 우리의 의례이다. 우리는 기억 속에서 예배한다. 의례를 통해 우리는 기억의 가장 깊은 감정적 수준을 표현하게 되고 따라서 기쁨과 축하뿐 아니라 상실과 죽음의 때에 의례는 특히 중요하게 된다.

의례는 인간사에 발생하는 다양한 상실을 다루는 데 중요한 역할을 한다. 특히 장례식과 49재는 중요한 역할을 하며, 추도식 역시 중요한 역할을 한다. 장례식은 죽은 자를 위한 의례라고 알려져 있다. 그러나 장례식은 도리어 산 자, 남은 자들을 위한 의례이다. 장례식은 남은 자들이 고인에 대한 상실의 고통을 풀어내는 장소이다. 충분히 울 수 있는 물리적 · 심리적 공간을 제공한다. 이 과정에 애도기간이 제공된다. 장례식은 또한 몇 가지 주요 절차를 갖는다.

입관의례를 본 적이 있는가? 우리나라 입관의례는 먼저 염(殮) 혹은 염습(殮襲)을 한다. 염을 할 동안 신체의 각 부분에 옷을 입히고, 돌아간 자의 얼굴을 씌우기 전 일가친지들이 돌아간 자의 시신 주위를 돌며 마지막 상봉을 한다. 이내 슬픔은 최정점에 이른다. 입관을 하고, 장지에서 하관을 한다. 다시 한 번 슬픔이 몰려든다. 이 현장에서 우리는 슬픔에 초점을 맞추기 쉽다. 그러나 슬픔이 최대화되는 현장에는 희망이 있다. 충분한 애도와 슬픔이 지나야 비로소 새 삶이 시작되기 때문이다. 슬픔이 없는 장례는 이후 긴 슬픔의 늪을 동반한다.

49재는 불교례로 49제(祭)가 아니고 '가장 깨끗하고 큰 불공'이라는 의미로 재(齋)이다. 곧 제사 지낸다는 제(祭)가 아닌 49재(齋)란 말이다. 망자의 육신인 사대(四大)*는 수명이 다하여 흩어지지만 그 육신을 조종하고 다니던 정신은 영혼, 마음, 혼령, 영가 등 다르게 불리지만 그 근본은 하나이다. 육체의 수명이 다하여 심장이 멎고 숨이 끊어지면 시체라 하여 정들었던 부모든 자식이든 이별의 눈물을 흘리면서도 병풍 뒤로 밀어 놓거나 요즘은 병원 냉동실로 직행 아닌가? 육체로 살아 있을 때 끌고다니며 명령하던 주인공이라도 일단 숨이 끊어지고 나면 49일 동안 존재하는 그 정신, 즉 영가(靈駕)라고 많이 칭하는데, 그 영가가 죽은 것도 아니요, 산 것도 아닌 채로 49일 동안 존재하게 된다. 이것은 정신계의 존재이지 어떤 물질이나 질량이 있는 것은 아닌데 확실히 존재하는 의식이 있는 존재로서 자신의 육체에서 빠져나와 현실의 허공 4~5미터 정도 위에 있다고 한다. 그래서 불교에서는 사람이 죽으면 울거나 시체를 붙들고 하지 말라고 하는 것이다. 그리고 이제 49재가 되면 영가에서 완전히 벗어나 죽은 자가 극락왕생할 수 있도록 기원하고 생사의 슬픔을 잊는다. 49재는 죽은 자를 산 자의 마음에서 떠나보내는 시기이기도 하다. 49재가 지나면 더 이상 울지 않는다. 일상으로의 복귀, 산 자들을 위한 회

* 불교에서 사람의 몸뚱이를 사대(四大)라 하는 것은, 사람의 몸은 흙, 물, 불, 바람으로 이루어져 있다고 믿기 때문이다. 흙, 물, 불, 바람은 우주 곳곳에 없는 곳이 없이 존재하므로 사대라 일컫는다.

복의 의례이기도 한 것이다. 이런 의례를 통해 살아 있는 자들은 여러 면에서 공유할 수 없는 감정들을 표현할 수 있었다. 의례를 통해 추억과 관계가 우리 속에서 일어나게 된다.

제사나 추도식은 어떠한가? 제사나 추도식은 죽은 자에 대한 기억이 산 자에게 무엇인가를 보여주는 좋은 치료현장이다. 망자를 기억하며 음식과 예를 갖춘다. 그리고 그 후에는 산 자들의 양식이 되고 기억이 된다. 음식을 나누며 돌아간 자의 유언과 그분에 대한 아름다운 기억을 되새기며 새 삶을 다짐하고 재차 약속한다.

내가 아는 분은 모친의 기일이면 양로원에 기부를 한다. 기업이 한다는 대단한 기부가 아니다. 가족들이 직접 쿠키를 굽는다. 쿠키 위에는 '사랑하는 어머니'라는 글귀를 적는다. 모친이 돌아가신 다음 해부터 지금껏 해왔으니, 20년이 넘은 셈이다. 이런 경우에서 보듯 의례가 꼭 대단한 것일 필요는 없다. 성서를 읽고 기도를 하는 간단한 의식으로도 가능하다. 은퇴를 하거나 요양원을 떠나 새로운 주거지로 갈 때 간단히 떡을 돌리며 마음을 나눌 수 있다. 초에 불을 밝혀 사용할 수도 있다. 그림과 소중한 기념품처럼 이야기, 축복, 상징도 효과적인 의례가 될 수 있다.

의례는 우리의 개인적인 과거와 연결되어서가 아니라 우리 문화와 신앙에 연결되어 하나의 연속적 의미를 갖기 때문에 중요하다. 각 문화마다 생일(탄생례), 장례, 기념일 등 다양한 의례들이 있다. 이런 의례들은 자신의 신앙적 가치를 분명하게 하고, 과거와 현재가 어떻게 연결되는지, 그리고 곧 미래는 어떠할지를 예견하게 한다.

제사나 추도식에 참여하거나, 예배에 참석하는 것은 우리의 과거를 재현하는 의례이다. 이는 우리가 어디서 왔고 우리가 누구인지를 새롭게 알게 해준다. 의례 수행을 통해 우리는 개인이자 가족의 일원으로서 우리 정체성을 확인하고 견고한 감정적 교감을 하게 된다. 나이가 들어갈수록 이런 의례는 자신을 비추고, 다른 세대와의 교류를 통해 삶을 나누는 고리 역할을 하게 된다. 이 고리를 통하여 노인들은 자신의 과거를 회상하고 평가하고, 그리고 현재의 삶에서 보람을 느끼며 통합성으로 나아간다.

크리스천으로 살아간다는 말은 대개 주일마다 예배를 드린다는 것을 의미한다. 예배 속에서 우리는 2000년 전 그리스도를 기억하며, 초기 기독교에서 실행되었던 고대 예배, 곧 고대 의식을 재연한다. 의례를 통해 우리는 그와 그의 행적을 기억한다. 주의 만찬은 기념하는 식사이다. 기독교 신앙의 핵심에서 보듯이, 공동으로 기념하는 의례는 과거의 사건을 기억하는 것 이상의 의미를 갖는다. 그것으로 우리는 기억으로만이 아니라 살아 있는 현재를 느끼게 된다. 과거는 현재가 되고, 현재 속에서 과거를 바라본다. 성만찬에서 우리는 예수님을 기념함으로써 그리스도의 유월절 신비 속에 빠져든다. 성만찬을 통해 예수님을 만나고, 누룩 없는 빵을 통해 모세를 만나고, 만찬의 모든 순간 속에서 하나님을 만난다.

거기서 우리는 치유된 과거와 변형된 미래를 경험하게 된다. 성만찬은 축하의식이며 현재를 우리가 기억하는 모든 것들의 일부인 중심 요소, 즉 우리 인생 이야기 속에서 경험하는 하나님의 사랑, 그리스도의 몸 안에서 나타나는 죄인들의 화해, 그리스도를 통해 우리에게 다가오는 치유와 용서가 되게 한다. 이제 빵과 포도주가 살과 피가 되는 순간이다. 과거가 내 몸이 되고 피가 되어 그 부활과 신비를 경험하게 하고 나의 미래가 된다.

4

존재와 시간

우리나라 노인들이 가장 두려워하는 질병 중 하나는 치매이다. 이유는 간단하다. 자기 자신을 잃어버리는 것도 그렇지만, 다른 사람들에게 의존하고 기댄다는 사실조차 모르고 살다가 비참하게 죽어간다는 생각 때문이다. 의존은 노년기에 단연 화두가 된다. 내가 아는 어르신 중 한 분은 75세에 교통사고를 당해 엉치뼈를 크게 다쳐 사실상 혼자 힘으로는 걸을 수 없는 상황이 되었다. 처음 3개월은 통증과 수술로 정신 없이 지내고, 다음 3개월은 찾아오는 사람들, 위로해주는 사람들의 힘으로 살았다. 퇴원 후 처음 몇 주는 자녀들이 돌아가며 병간호를 해주며 보고픈 손주들의 재롱도 볼 수 있어 좋았다. 그러나 거기까지였다. 내담자였던 어르신을 찾아 뵙고 근황을 여쭈러 갔을 때 그분은 내 손을 잡으며 말했다. "선생님, 난 지금 짐짝이 되었어요. 이도저도 못하고. 혼자 변소도 못가고. 바쁜 애들 붙잡고 나만 봐라 그러고 있어요. 나 혼자 변소라도 갈 수 있으면 좋겠구만." 급기야 눈물을 흘리며, 차라리 사고가 났을 때 죽었으면 더 좋았을 거라고 말했다.

중풍으로 쓰러져 반신불수가 되어 걸음만 간신히 떼던 황 선생님도 기억난다. 그분은 74세가 되어서 세 번째 풍을 맞았다. 수저를 입에 가져갈 때마다 의지와 상관없이 음식이 흘러내렸고, 대소변 조절이 잘 되지 않아 변을 지리는 일이 잦아졌다. 이도 괜찮다고 했다. "나는 산에 가고 싶어요. 가고 싶어도 데려가 달라고를 못해요. 병신 꼴이 되어서 기대고 사는 것도 미안한데, 어데."

독립의 문제는 노인들의 공통된 목표이다. 노년기에는 신체 변화를 겪는다는 점을 모두 알 것이다. 그러나 노인들 자신조차 이런 변화가 낯설고 받아들이기 어렵다. 누구나 늙으면 수족이 말을 듣지 않는다고 생각한다. 그러나 그 상황을 겪어야 하는 사람들에게는 그것이 '실존'이다. 다른 사람의 도움을 받지 않고 화장실에서 일을 볼 수 있는 것, 다른 사람에게 의지하지 않고도 혼자 냉장고 문을 열고 음식을 꺼내 먹을 수 있는 것, 혼자 힘으로 원하는 곳에 원하는 시간 동안 다녀올 수 있는 것, 모두 독립과 의존의 경계에 있는 문제이다. 크리스천에게도 이 주제는 자유롭지 못하다. 자율과 의존은 단순히 노화 경험에서 그치지 않는다. 인간관계와 사회적 동물인 인간의 존재 자체를 위험에 빠뜨린다.

발달의 관점에서 의존과 독립은 중요한 주제이다. 이는 시간이 지남에 따라 절로 얻어지는 것은 아니다. 아이가 태어나고 고개를 들고, 뒤집고, 배밀이를 하고, 기고, 서고, 걷고, 달리면서 자신이 원하는 곳으로 갈 수 있게 된다. 성장은 독립체임을 인정받는 중요한 요소이다. 유아기에는 양육자에게 기대야 살아갈 수 있다. 성장하면서, 그는 독립해야 한다. 늦도록 양육자에게 의존하는 자는 성인이 아니다. 성인은 다른 사람에게 의존하지 않고 스스로 일을 처리할 수 있는 능력이 있는 사람 아닌가. 그래서 우리도 날마다 다짐한다. "나 혼자 해내보자.", "혼자 해내야 해. 잘할 수 있어. 다른 사람에게 의지해서는 안 되지." 성인이 스스로를 돌볼 수 있어야 한다는 점은 비단 재정적인 영역뿐만이 아니다. 혼자 먹고 사는 문제를 넘어서 가장 기본적으로는 신체적으로 자유롭고, 관계나 보호 측면에서도 그러하다. 결국 독립은 삶을 스스로 통제하고 조절할 수 있다는 신념의 실천이고, 더불어 다른 사람의 존재도 인정하는 것이다. 다른 사람에 대한 의존은 곧 자기 확신이 부족하고, 자율성이 떨어지는 것이다. 성인이라면 이런 의존을 자연스럽게 여길 수 없다. 인생의 충만기인 성인기 동안 대부분은 '의존'이라는 단어조차 기억하지 못한다.

'의존'이란 말에는 자동적으로 떠오르는 단어들이 있다. 질병, 가난, 장애, 그리고 노인이다. 의존이 가지는 부정적인 특성 때문에 성인들은 노인이 되기 전에 미리 겁을 먹는다. 의존은 의욕을 저하시키고, 능률과는 거리가 멀다. 의존한다는 것은 의존의 대상에게는 '귀찮음' 또는 '부담'일 수 있다. 그러나 의존해야 하는 당사자에게는 상처이고, 분노이고, 죄책감이고, 낮은 자존감이고, 긴장이고, 고통이다. 어린 시절에 부모에게 기대는 것이야, '부모니까' 가능할 수 있다. 그러나 성인기를 지내고 있는 성인자녀들에게 의존해야 하는 부모는 '부모니까' 더욱 힘이 들 수 있다. 요새 노인들은 '의존하느니 죽어버리겠다'라는 사람들도 있다. 독립은 자존감의 표준이 된다. 가끔 후천적으로 생긴 장애, 중풍이나 교통사고로 신체의 일부를 잃거나 의존상태에 놓인 노인들 중에는 의존상태에 들어가기도 전에 자살을 선택하는 경우도 있다. 그들은 스스로에게 여러 번 되물었다. "내가 더 이상 내 스스로 아무것도 할 수 없다면 내가 무슨 가치가 있나?"

그러나 독립이 그렇게도 중요하고, 의존이 그렇게도 나쁜 것인가 물어봐야 한다. 사회적으로 '의존한다'라는 말은 부정적 뉘앙스, 비합리적 의미를 갖는다. 한편 독립은 긍정적이고 합리적이라 믿는다. 이런 무모한 이분법은 눈에 보이는 생산성만을 최고의 가치로 여기는 사회에서 기원한다. 자기들 마음대로 내린 정의이자, 사회의 무모한 집착이다. 과연 노화가 능력의 결여 상태인가? 배우 현빈의 대

사처럼 '이게 최선인가?'

사회가 의존이 부정적이라고 가르치면서 다른 사람의 도움 없이 우리 혼자서는 결코 할 수 없다고 생각하기 시작하면 사기는 떨어지고 만다. 마치 밸브를 누르면 먹이가 나오는 실험처럼, 그렇게 우리 속에 각인되어 있는 자동사고 시스템이 돌아간다. 학습이다.

스스로 생각하고 행동할 권리는 인간 존엄성에 필수적이다. 이러한 권리에 대한 결정권이 줄어들면 사회에서는 주변인으로 전락하게 된다. 사회에서 소외되고 고립되었다고 느낀다. 그렇다면 의존하면 이러한 권리가 소멸되는가? 이런 고민은 우리의 에너지를 빨아먹고 절망에 빠지게 한다. 이 절망은 일단 빠지면 혼자서는 결코 걸어나올 수 없는 늪처럼 깊고 깊다.

이제 크리스천 신앙은 노화의 이러한 중요한 측면, 즉 의존하는 존재와 독립이라는 사이의 관계에 어떤 희망을 줄 수 있을지 물어야 한다. 독립하지 못하면 의존해야 하는 사회적 이분법을 어떻게 보아야할 것인가? 크리스천 신앙을 통해 우리는 그 둘 사이에 존재하는 잘못된 이원론에서 자유로워질 수 있다. 요한복음은 '진리가 여러분을 자유롭게 할 것입니다'라고 말하고 있다. 크리스천 신앙은 이런 사회적 이분법과 다른 세상을 말한다. 즉 우리는 개인의 자유를 인정하면서 동시에 의존이 모든 성숙한 삶의 부분이라는 것을 인정할 수 있게 된다. 기독교는 어떤 종교인가? 약자를 일으켜 세우고 강자의 힘을 나누는 종교, 소외된 자들의 어깨를 가진 자들이 들어올리게 하는 종교 아닌가? 기독교는 여러 가지 면에서 약한 이들과 강한 이들 모두를 위한, 그리고 서로의 은총을 교환할 줄 아는 상호의존적인 공동체를 지향한다. 삶과 재화를 나누고, 고통과 희락을 교환한다. 세대의 조화와 통합, 그리고 삶의 지속적인 과정 속에서 세대간 상호의존을 염두에 두고 있다. 이어지는 내용에서 우리는 노화를 이해하는 이런 시각이 어떤 의미를 갖고 실제 결과는 어떠한지를 살피게 될 것이다.

이제 우리는 노화를 새롭게 보는 시각을 갖게 될 것이다. 먼저 그리스도 안에서 상호작용에 대하여, 둘째, 사랑하는 다른 방법으로서의 의존, 그리고 세례를 통한 죽음과 부활에의 동참이 그것이다.

공동체와 노인

초기 기독교 공동체의 삶은 당시 볼 수 없었던 독특한 공유의 형태를 가지고 있었다.

> 믿는 사람이 다 함께 있어 모든 물건을 서로 통용하고
> 또 재산과 소유를 팔아 각 사람의 필요를 따라 나눠주고
> 날마다 마음을 같이 하여 성전에 모이기를 힘쓰고
> 집에서 떡을 떼며 기쁨과 순전한 마음으로 음식을 먹고
> 하나님을 찬미하며 또 온 백성에게 칭송을 받으니
> 주께서 구원받는 사람을 날마다 더하게 하시니라.
> – 행 2:44-47

소유와 삶을 함께 나누는 형태이다. 이는 관계에서도 그 독특함을

갖는다. 바울이 갈라디아 교인들에게 보내는 편지 가운데 세례에 관한 부분은 크리스천들이 형성해야 할 관계의 기본 준칙을 보여준다.

> 누구든지 그리스도와 합하여 세례를 받은 자는 그리스도로 옷 입었느니라. 너희는 유대인이나 헬라인이나 종이나 자유자나 남자나 여자 없이 다 그리스도 예수 안에서 하나이니라.
>
> - 갈 3:27-28

바울이 말하는 크리스천들의 관계는 차별이 없는 것을 특징으로 한다. 만일 바울이 오늘날 살았다면, 그는 "젊은이나 늙은이나"를 덧붙였을 것이다. 함께하는 관계에서 차별이란 있을 수 없다.

초기 기독교 공동체의 특징과 차별 없는 관계는 당시 사회의 틀과는 많이 다른 부분이다. 개혁적이고 혁신적으로 옛 사회 질서를 깨고 새로운 방식을 제공하고 실천하고 있다. 이제는 그리스도 안에서 한 집단이 다른 집단을 지배하거나 배제시키는 그런 일들은 제거되어야 한다. 크리스천 공동체는 화합과 연합이 중요한 목표가 된다. 이 목표 속에 화합이 구별과, 연합이 차별과 양립할 수 없다. 그리스도 안에서 개인은 신분이나 나이의 차이 없이 서로 상호적인 관계 공동체로 진입한다.

젊은이가 갑자기 늙을 수는 없다. 성장이 그 단계를 밟듯, 노화도 그 단계를 밟는다. 조금씩 알아가며 변화해간다는 것은 참으로 다행이다. 이런 점진적인 변화는 삶의 가치를 읽어나가게 한다. 결코 당장의 이익으로 승부를 내는 인생이 없다는 것을 알려주기도 한다.

결국 발달은 연속적이다. 처음은 끝과 만나고, 한 단계는 다음 단계로 이어진다. 한 과정이 다른 과정을 희생시키거나 황폐하게 하는 것이 아니다. 서로를 보완하고 서로를 지지해주고 지탱해주는 띠와 같다.

젊음과 노화 사이의 관계가 상호적인 관계가 되지 않는다면 이것이 바로 비극이다. 젊음은 지혜를 잃고, 노화는 힘을 잃을 것이다. 둘 다 고통스러울 수밖에 없다.

시간의 진행에 따라 존재가 어떻게 변화해 가는지, 그 과정에서 의존과 독립이 어떠해야 하는지에 대하여 바울이 상호의존의 모습을 잘 보여주고 있다.

> 선물은 다양하지만 성령은 같은 성령이십니다.
> 섬기는 일은 다양하지만 주님은 같은 주님이십니다.
> 일하는 것은 여러 가지이지만 모든 사람 속에서 모든 일을 하시는 분은 같은 하나님이십니다. 성령께서 각 사람에게 나타나신 것은 공동의 이익을 얻게 하려는 것입니다. 어떤 이는 성령으로부터 지혜의 말씀을, 다른 사람은 동일한 성령에게서 지식의 말씀을 받았습니다. 또 어떤 사람은 같은 성령으로부터 믿음을, 다른 사람은 병 고치는 능력을, 다른 사람은 기적을 행할 수 있는 능력을, 또 다른 사람은 예언을, 다른 사람은 영들을 구별할 수 있는 능력을, 또 다른 사람들은 다양한 언어로 말할 수 있는 능력을, 어떤 사람은 그 언어들을 통역할 수 있는 선물을 받았습니다. 이 모든 일은 한 분이신 같은 성령께서 하시는

일입니다. 성령께서는 그분이 원하시는 대로 각 사람에게 이런 것들을 나누어 주십니다. - 고전 12:4-11

공동체의 이상적인 상호의존은 모든 은사가 한 성령에 근거하고 있고, 몸의 각 부분이 다른 부분을 대체할 수 없고 각자의 적절한 기능에 의존한다. 이는 마치 봄이 여름을 대신할 수 없고, 가을이 겨울을 대신할 수 없는 것과 같다.

사실 서양철학은 존재, 영속성, 제일성을 주장해왔다. 그러나 세상사가 어디 그러한가? 모든 것은 역사를 가진다. 곧 과거에서 나와서 과거를 그대로 가진 채 새로운 미래로 나아간다. 과거가 가진 시간적이고 창조적인 측면이 중요하다는 것은 베르그송이나 화이트헤드 같은 학자들에게 기댄다.

우리를 돌아보자. 혼자 살 수 있는 사람은 없다. 다른 사람들이 만들어낸 옷, 신발, 가방, 자동차, 집 등에 모두 의존하며 산다. 또한 그들 역시 자신이 길러내지 않은 쌀과 부식으로 밥을 먹고, 다른 사람이 만든 성냥으로 불을 붙이고 산다. 이런 관점에서는 의존이란 모든 존재의 본질적인 차원이다. 상호의존은 인생의 핵심이자 불가피한 선택이다. 이것이 인간의 가치를 절하시키지도 않는다. 오히려 이는 성숙의 한 부분이다. 성숙은 독립이라는 용어와 동떨어져 정의될 수가 없다. 오히려 성숙은 주는 것이자 동시에 받는 것이며 영향을 미치는 것이자 영향을 받는 능력을 말한다. 사랑할 줄만 아는 사람은 불행할 수 있다. 사랑을 받을 줄도 알아야 행복하다. 하나님도 우리에게 사랑받고 싶어하지 않는가! 우리는 우리 인생을 다른 이들과 다른 분, 곧 하나님에게서 은혜를 입어 시작한다.

혼자 살 수 있는 사람은 아무도 없다. 우리는 서로에게 영향을 미치며, 서로에게 끊임없이 동화된다. 우리는 점점 다른 사람의 일부가 되어가는 것이다. 이러한 일부는 우연이기보다는 필연과 성숙의 차원에서 서로의 부분이 된다. 그런 의미에서 누군가 죽는다면, 그것은 또한 우리의 수명 역시 줄어드는 것이다. 다른 이들 역시 우리의 삶의 과정 속에 존재하는 사람들이다.

이 세상은 가진 자와 못 가진 자, 뚱뚱한 자와 마른 자, 키가 큰 자와 작은 자만 사는 세상이 아니다. 사람은 대개 가진 자이기도 하고 못 가진 자이기도 하다. 뚱뚱하면서 동시에 말랐고, 키가 크면서도 동시에 작기도 하다. 극단적인 한쪽만 있다고 생각한다면 그것이야말로 착각이다. 그렇다면 장애는 어떠한가? 약하고 의존적이라고 말할 수 있는가? 뛰거나 걷기는커녕 스스로 물 한 잔도 제대로 마시지 못하는 전신마비 노인 환자가 있다. 이 사람은 스물한 살 때부터 근위축성 측색경화증을 앓아 평생 휠체어 생활을 하고 있다. 이 노인은 케임브리지 대학의 루카스 수학 석좌교수로 있는 영국의 이론물리학자이고, (특히 블랙홀이 있는 상황에서의) 우주론과 양자 중력의 연구에 크게 기여했으며, 자신의 이론 및 일반적인 우주론을 다룬 여러 대중 과학서를 저술했다. 그중《시간의 역사》는 런던 선데이 타임스 베스트셀러 목록에 최고기록인 237주 동안 실렸다. 누구인지 추측이 되는가? 바로 스티븐 호킹이다. 제대로 서지도, 눕지도 못하는 신체장애자인 이 늙은이는 갈릴레오 갈릴레이, 아이작 뉴턴, 알베르트 아인슈타인의 계보를 잇는 물리학자이다.

스스로 두 발로 걸을 수 없는 사람은 걷는 부분에 있어서는 약하고 의존적이다. 그러나 신체적으로 약하다고 그 사람이 어떤 영향력이나 결정력에까지 문제가 있는 것은 아니다. 다른 곳으로 이동하기 위해서 다른 사람의 도움이 필요할지 모르겠지만, 이런 도움이 필요한 약한 자들이 두 발로 빠르게 그들 곁을 뛰어가는 우리보다 훨씬 더 큰 능력을 가지기도 한다. 스티븐 호킹의 사례를 통해 우리는 독립에 대한 인식, 다른 이에 대한 깊고도 강한 의존일지라도 그것이 개인의 본래성 · 자율성 · 영향력을 상실하는 것은 아니라는 점을 알게 된다.

모든 종교인은 지독한 독립 박약이다. 크리스천은 하나님 앞에 독립 박약이다. 모든 생명과 그 갈 길을 의존한다. 이 의존은 예수님이 했던 의존과 다르지 않다. 하나님 앞에 의존했던 겟세마네 동산의 핏방울 기도가 그것이다. 또한 예수님은 제자를 열둘이나 두었다. 그들의 지원이 없었다면 복음서는 많이 달라졌을 것이다. 하나님에 대한 의존, 제자들에 대한 의존, 그 속에서 예수님은 자신의 자율성을 잃지 않았고, 최후에는 자신을 기꺼이 내어놓았다. 임종의 순간에도 강도를 낙원으로 이끄셨다.

사랑의 다른 이름, 의존

양로원을 방문해보면 안타까운 장면, 감동적인 장면, 또 간혹 놀라운 장면들도 보게 된다. 그중 이 세 가지를 한 곳에서 볼 수 있는 기회가 있었다. 이천에 있는 양로원을 방문했을 때의 일이다. 양로원 안에도 나름 관심분야를 가지고 서로 모여 이야기를 나누거나 활동을 나누는 노인 그룹들이 있다. 그중 성경공부팀이 있었다. 성경공부라고 해야 난청으로 거의 들리지 않거나, 녹내장으로 전혀 보이지 않거나, 후두암을 앓아 말을 전혀 하지 못하거나, 중풍으로 제대로 앉아 있을 수도 없는 휠체어 환자들이 전부였다. 종잇장을 쥐지 못하는 사람도 있고, 아예 문맹인 경우도 있었다. 여덟 명을 앞에 두고 어떤 설교자도 그 환경을 맞추기 어려웠다. 누가 봐도 최악이다.

그러나 그들은 바울이 말하는 '각 지체가 서로 돕는다'라는 의미를 이미 터득하고 있었고, 은사도 모두 제각각이라는 의미가 무엇인지 잘 알고 있는 분들이었다. 할 수 있는 게 무엇이고, 도움을 주거나 받아야 하는 것이 무엇인지 너무나 잘 알고 있었다. 볼 수 있는 사람들은 성경 구절을 크게 읽어서 문맹자나 시력을 잃은 사람들이 성경 말씀을 듣도록 했고, 듣지 못하는 사람들은 크게 인쇄된 종이를 받았다. 걸을 수 있는 사람은 휠체어를 밀어주고, 손이 성한 사람은 전신마비 환자를 위해 책을 붙잡아주었다. 말을 할 수 없는 사람은 손뼉을 치거나 미소를 지으며 화답을 해주었다. 독립과 의존이 완벽한 균형을 이루는 순간이다. 80대 목사님이 인도하는 이 절정의 시간에 의존은 곧 독립이고, 존재는 시간 앞에 자유로웠다. 그 자유의 정점에는 사랑이 있었다.

사람은 사랑받고 싶어한다. 사랑받는 자가 살 수 있다. 심리학자 아브라함 매슬로는 인간이 욕구를 가지고 있다고 말한다. 생존의 욕구, 안전의 욕구, 소속감의 욕구, 자기존경의 욕구, 그리고 자아실현의 욕구가 위계적으로, 즉 이전 욕구가 충족이 되어야 다음 욕구가 발생하는 방식으로 인간에게 존재한다고 말하였다. 그렇다. 먹고 살 수 있겠다는 생각이 들면 곧 사람은 소속되고 싶고 사랑받고 싶은 욕구를 갖게 된다. 누구나 자신이 사랑받고 있다는 확신이 필요하다. 자신이 누구인지, 안전한가 하는 문제는 우리가 다른 사람들에게 받아들여지고 있다는 확신에 기초한다. 크리스천 공동체는 우리가 사랑받는다는 확신을 얻을 수 있는 장소이다.

1980년대 한 듀엣 가수가 〈사랑은 받는 것이 아니라면서〉라는 노래로 인기를 끌었다. 우리는 사랑은 주는 것이라고 생각하며 자라왔다. 사람들을 돕고 그들을 위해 뭔가를 할 때 우리는 '사랑한다'라고 한다. 그러나 그것은 사랑을 크게 오해하는 것이다. 사랑은 상호적일 때 '사랑'이다.

많은 노인들은 자신이 사랑을 받지 못한다고 느낀다. 다른 사람들이 노인들을 위해 아무것도 하지 않기 때문에, 전혀 그들을 사랑하지 않기 때문에 그렇게 느끼는 것일까? 사랑의 속성을 알고 있다면, 그 말이 틀렸다는 것을 알 것이다. 사랑은 늘 역설이다. 사랑은 하는 사람이 받는 사람보다 더 큰 긍정적 변화를 경험한다. 주는 자가 받는 자보다 이익인 게 사랑이다. 이 역설은 삶 속에서 계속된다. 다만 노인들에 대해 사람들이 더 이상 노인들의 가치, 그 은사를 인정하지 않고 오로지 동정과 의무, 수혜의 대상으로만 여긴다. 사랑이 소속감의 욕구라고 했던가? 그렇다면 노인들에게는 그 이상의 가치, 자기 존경의 욕구가 필요하다. 그리고 노인들은 이 욕구를 사랑이라고 부른다. 노인들은 인간으로서 인정해주기를 원한다. 환영받고 싶어하고 소속감을 갖고 싶어한다. 노인들은 동정이나 친절 이상의 것을 원한다. 줄 수도 있고 더불어 받을 수도 있기를 원하며 공헌하는 사람으로서 인정받기를 원한다. 노인상담은 크게 세 차원이 있다. 노인을 위한 상담, 노인에 대한 상담, 그리고 노인에 의한 상담이다. 일반적으로 알려진 노인상담은 대개 노인을 위한 상담으로 알고 있을 것이다. 노인에 대한 상담은 노인에 관련된 정보를 필요로 하거나 젊은 세대가 노인과 관련된 상담을 요청할 때 실시된다. 노인에 의한 상담은 훈련된 노인 상담자가 또래인 노인을 상담하는 형태이다. 노인상담이라면, 노인이 하는 상담을 먼저 생각해봐야 하는 것이 당연한데도 현실은 그렇지 못하다. 선교도 마찬가지다. 노인선

교를 운운하는 사람들도 노인이 하는 노인 선교는 생각하지 않는다. 웃긴 일이다.

그나마 다행은 점차 크리스천 공동체의 멤버를 사랑하는 가장 좋은 방법 중 하나는 그 사람의 재능을 받아들이는 것이라는 것을 인식하기 시작했다는 점이다. 공동체에 소속된다는 것은 그저 문턱이 닳도록 드나드는 것만을 의미하지 않는다. 긴밀한 교류가 오가고, 존재를 인식하고 서로를 인정할 때 공동체는 유지되고 발전한다. 공동체 안의 노인들은 어떠한가? 노인들은 사회공동체에서 지혜의 담지자, 전통의 보유자이며, 종교공동체 안에서는 영적 선도자이자 애도 전담 상담가이고, 성찬의 집행자이며 장로이고 선생이다. 그들의 은사는 사랑을 받는 경험과 더불어 사랑을 나누고 사랑을 하는 경지에서 그 빛을 발한다. 바로 이때 노인들은 다른 사람들을 발전시키게 될 것이다.

교회공동체를 이루는 데 있어 노인들의 가장 큰 공헌 중 하나는 자신들의 신앙 이야기를 전달하는 것이다. 삶과 신앙의 전통을 가지고 있기에, 노인들은 젊은이들이 아직 경험하지 못한 신앙인의 여정 단계들을 알고 있다. 오르막과 내리막을 알고, 그 속에 임재하는 하나님의 신비, 그 속에서 발견하는 신과 나의 존재의 만남, 그리고 삶 속에 운행하는 하나님의 은총을 경험하고, 이를 정신의 문서로 간직하고 있다. 이 이야기는 새롭지도 않다. 교회 현장에서 학생들은 노인들과 신앙 이야기를 묶어 설명하고 강조한다. 노인의 이야기는 인류 역사의 현장이고, 노인의 신앙경험은 신앙 간증이고, 신앙의 역사이자, 기독교 역사의 벽을 이루는 벽돌과 같다. 위기를 넘기고, 하나님을 만나고, 성령 체험을 말하고, 절망에 빠지고, 하나님을 떠나 방황하고, 그 방황 속에 함께하는 하나님을 고백하는 것은 우리의 탄생 이야기와 가족 이야기, 신앙과 가치를 다루는 방식 이야기를 포함하는 크고 장대한 뮤지컬과 같다. 어떤 때는 노래로, 어떤 때는 춤으로, 어떤 때는 기도와 묵상으로, 그리고 어떤 때는 말없는 행동으로 신앙과 삶은 이어지고 전달된다. 어른이 되어가는 법을 아는 이들의 '말씀'이다.

이야기는 세대를 가로질러 사람들을 하나로 모은다. 각자 다른 생각, 다른 가치를 부르짖는 상황에서도 노인들의 이야기 속에서 우리는 공통의 신앙 여정을 발견하게 된다. 마치 단테의《신곡》을 읽듯, 존 번연의《천로역정》을 읽듯 말이다.

아이들이 독서보고서를 내는 것을 보면, 오롯이 줄거리다. 줄거리 중심의 리포트는 사실(fact)을 말한다. 그러나 거기에는 이야기가 없다. 노인들이 착각하는 부분이 있다. 그건 노인들이 자신들의 이야기를 젊은이들에게 들려주면 이들이 깜짝 놀라고 감동하며 그 경험의 장에 동참하고 행동변화를 나타낼 것이라고 생각한다. 꿈 깨라! 젊은 사람들은 사실만 수집할 뿐이다. 그러나 이런 젊은이조차도 시스티나 성당의 수많은 그림 앞에서 바티칸의 역사에 호기심을 갖고 로마 가톨릭 교회의 역사를 궁금해한다.

그럼 노인들의 태도를 보자. 노인들 역시 할머니나 할아버지의 전쟁 때 이야기, 포로수용소 이야기, 어린 시절 송진 이야기를 듣고 싶어하는 고등학생 손자를 바라보고는 하던 이야기를 접고 "그런 걸 알아서 뭘 하겠니? 다음 주부터 중간고사인데 공부해라. 그게 더 중요하잖니?"라고 말한다. 손자는 단호한 그 말에 조를 엄두도 못 내고 자리에서 일어나야 한다. 실상 신앙여정에서 젊은이들에게 도움이 되는 것은 회의와 고난이라는 고통스런 사실이 아니다. 도리어 그 사실 뒤에 오게 되는 용기와 극복한 기쁨, 그리고 현재의 평가다.

나의 시아버지는 가끔 당신의 손자들을 불러놓고 옛 이야기를 하신다. "얘들아, 할아버지가 어렸을 때, 한 10살 정도 되었을 때 말이다. 하루는 주일날 교회에 가지 않고 개구리를 잡으러 갔다가 아버지(아이들의 증조부)에게 호되게 혼나고 매를 맞았어. 얼마나 맞았는지 그 뒤로는 개구리라면 얘기도 싫다." 아이들은 "그래서요?"라고 되묻는다. "그렇다는 거지." 아이들은 각자 방으로 돌아갔다. 그때 정작 아이들이 궁금했던 것은 그때 할아버지 기분은 어떠했는지, 그 후 하나님이나 교회에 대해서는 어떻게 생각하게 되었는지, 지금 아이들에게는 무엇을 말씀하고 싶은 것인지 등이다. 우리가 듣는 누구의 이야기는 곧 우리의 이야기가 될 수 있기 때문이다. 교회를 다니고 있는 내 아이들에게 할아버지의 경험은 곧 그들의 경험이었기 때문이다.

강원도 영월에는 한때 "아이 울음소리를 듣고 싶다!"라는 플래카드가 붙었다. 한 · 칠레 FTA 이후 무연탄이 수입되면서 일자리를 잃은 젊은층이 떠나가고 동네에는 온통 노인들만 남아 있다 보니 이런 일도 벌어진다. 노인들은 입을 모아 같은 이야기를 한다. 젊은 사람들이 있어야 동네가 살아 있다고. 젊은 사람들의 긍정적이고 진취적인 힘이 좋고 그들의 가능성과 긍정적 태도도 좋다고 말한다. 그야말로 젊은이의 은사를 사랑하고 기대한다. 노인들의 지혜도 젊은이들의 은사 없이는 무의미하다. 세대가 함께 재능을 나눌 때 미래가 있다.

최근 세대통합 프로그램들이 늘어나고 있다. 잘 알려진 예로, 노블클래스라는 양로시설에는 기업이 운영하는 유치원이 있다. 이 유치원은 60세 이상 노인들이 일정 교육을 받고 유치원 아이들을 돌보며 생의 활력을 찾고, 아이들은 안정적인 교육자들과 더불어 그들의 삶과 이야기를 받는다. 아이들은 사랑과 친절을 제공받으며 이를 양분으로 하여 노인들에게 존경심과 사랑, 풍부한 경험, 생의 지혜를 발견하고, 주름을 두려워하지 않게 된다. 한편 노인들은 사랑을 주고 경험을 나눌 수 있다는 것에 대해 더 큰 자존감과 확신을 찾게 된다. 양육하는 자의 기쁨을 재경험하며 삶을 긍정하고 기쁨을 얻는다. 세대 간 관계는 우정과 사랑으로 결속된다. 이런 나이를 초월한 우정은 젊은이들에게는 멘토를 주고, 노인들에게는 동년배 친구와 사별이라는 아픔과 슬픔의 타격에 새 살이 돋게 해준다.

신비와 연합

세례는 기독교 공동체 안으로 들어오는 입례식이다. 세례는 우리가 그리스도를 나의 주로 받아들이며 그의 죽음과 부활에 동참하겠다는 의지 표명이며, 그 실천이다. 하나의 공동체 속에서 젊은이와 노인은 이러한 세례를 거친다. 서로가 상호 지체가 되며 공동체가 이 긍정적 의존을 통해 새로운 피조물이 되도록 함께 애쓰고 노력해야 한다. 애니메이션 〈업(Up)〉의 줄거리는 대략 이렇다. 먼저 하늘나라로 간 할머니를 그리워하며 혼자 지내는 '칼'이라는 할아버지가 자신의 집에 풍선을 달아 집을 띄워 모험을 떠나는 계획을 실행하게 된다. 이 여행 중에 '러셀'이라는 귀여운 꼬마 탐험가가 등장하면서 내키지 않았지만 함께하는 모험이 시작된다. 모험 중에 만나는 '케빈'이라는 새와 '더그'라는 개의 등장으로 칼의 여행에는 많은 시련이 닥치면서 칼에게 소중한 집을 잃어버릴 수도 있는 위기가 찾아온다. 늘 혼자 외롭게 지내던 칼에게 삶의 활력을 주는 소중한 것들이 하나씩 생기면서 할머니와의 아름다웠던 추억은 마음속에 간직하며 행복한 삶이 시작된다.

우리가 세대를 아우르는 공동체를 만든다면 세대 중 어느 한 쪽이 죽어야 할까? 노인과 젊은이 할 것 없이 사람은 자신을 판단하고 지시하려고 드는 사람들에게는 귀를 막고 싶어하고, 우리를 이해하려고 귀를 기울이는 사람들에게는 마음을 열고자 한다. 그러면 소통을 증진시키기 위해서는 어떻게 해야 하는가? 노인들은 성인 자녀들에게 사는 법에 대한 설교를 줄이고, 그들이 자신들의 전철을 밟으며 인생의 중요한 경고를 듣지 않으려 할 때도 인내와 관용을 잃지 않도록 해야 한다. 살아보았고, 실패해보았으니 당연히 충고를 하고 싶은 마음이 앞서고 과거에 자신들이 했던 것이 가장 좋은 방법이라고 강조하고 싶을 것이다.

때때로 노인들은 젊은 사람들이 자신들을 좋아하지 않거나 관심을 가지려고 하지 않을 것이라고 생각한다. 그러나 그것이 무조건 그렇지는 않다는 것을 알아야 한다. 오해는 노인들이 더 많이 할 수도 있다. 또 한 가지, 나이가 들면서 가끔씩 두려움과 분노를 내려놓아야 할 때도 있고 젊음을 부러워하는 것도 접어야 할 때가 있다. 한편 명심할 사항이 있다. 젊은 사람들이 우리 노인들을 통해 배우게 된다는 점이다. 노인들이 젊은이들에게 별 관심을 두지 않는 것은 젊은 사람들은 인생에 대한 경험이 적기 때문에 아무것도 이해할 수가 없을 것이라고 생각하기 때문이다. "니들이 뭘 아냐, 호적에 잉크도 안 마른 것들이.", "경험을 안 해보면 모르는 거니, 거기 젊은이 입

닥치게!" 이런 말을 들으면 나는 화가 났다. 정말이지 다 아는 양 행동하고 말한다. 그러나 노인들에게만 경험과 지혜가 있는 것은 아니다. 노인들이나 젊은이들이나 경험에는 공통성이 있다는 점을 알아야 한다.

젊은 사람들도 명심할 것들이 있다. 젊은이들은 속도와 효율성, 생산의 힘에 대한 선입견을 줄여야 한다. 힘은 영원하지 않고 속도도 한결같지는 않다. 이전에 몇 번 들은 적이 있는 이야기도 다시 잘 들을 수 있어야 할 것이다. 알고 있는가? 반복해서 몇 번씩 말하는 것이 노인들이 그 의미를 자신의 삶에 통합시키는 하나의 방법이라는 걸 말이다. 반복은 영어 단어 학습에서만 유용한 것이 아니다. 단어들을 줄줄 외운다고 인생의 황금열쇠를 얻지는 못한다. 사람들마다 속도가 다르다. 심장박동수를 기준으로 한다면 어린 시절 민첩성은 점차 줄어들게 되어 있다. 젊은 사람들은 노인들과 함께 하는 곳에서 속도를 줄이고, 페이스를 맞출 필요가 있다.

한번은 전철역에서 60대 후반쯤 되어 보이는 여성이 전철역 개찰구에서 가방에 든 실버패스(노인용 전철정기권)를 찾지 못해 한참을 서서 어쩔 줄 모르며 가방을 뒤적이고 있었다. 그러자 뒤쪽에서 줄 서 있던 청년 한 명이 표정을 잔뜩 찌푸리며 한숨을 연신 내쉬다 못해, 옆 칸으로 옮겨가 밀치듯 안으로 들어가며 그 여성을 한심하다는 듯 쳐다보았다. 그 현장에 그 여성의 존엄성이나 인간적 시선은 없었다.

청장년기를 살고 있는 사람들은 자신을 낮추는 태도가 필요하다. 청년과 장년, 이 시기는 인생의 최고 시기 아니던가. 충분히 잘났고, 충분히 삶이 풍요롭다. 건강하고 펄떡이는 심장, 최고의 경제력, 사회적 지위와 명예, 정말 세상을 다 가진 시기이다. 노인, 그들은 그 모든 것을 내려놓은 자들이다. 그럼에도 노인들은 자신들이 아무것도 모른다는 것, 또 형편없다고 생각하는 것을 정말 싫어한다. 노인 상담을 오래 하다보면 많은 노인들을 만나게 된다. 수많은 내담자 중 지금은 돌아가셨지만 당시 79세부터 3년간 상담을 했던 여성 어르신을 기억하고 있다. 이분이 상담 도중 이런 말씀을 하셨다.

> 며느리가 나한테 그래요. 아무것도 기대하지 않으니까 아프지만 말라고. 알아요. 그게 건강하게 살라는 말이라는 걸. 그런데 그걸 알면서도 누구도 나에게 기대하지 않는다는 말이 그렇게 서럽고 섭섭하더라구요. 어떤 일이 생겨도 잘 말해주지를 않아요. 나는 판단을 잘 못한다고 생각해요. 나이가 많으니까. 그러나 나와 관련된 일은 나에게 말해줘야 하지 않나요? 내 일인데 마치 자기들이 가장 잘 아는 것처럼 당사자인 나를 빼놔요. 이건 나를 무시하는 겁니다. 내가 걱정할까 봐 그런다는데 나는 알고 싶어요. 그리고 알아야 해요. 그게 순서지요.

노인들을 솔직하게 대하고 사실을 있는 그대로 말해야 한다. 알아야 할 이야기를 말하지 않아서 노인들이 사실을 모르게 하는 것은 노인들을 무시하는 태도이다. 노인들에게서 뭘 주고받을 기대가 더 이상 없다는 말도 그런 태도 중 하나이다.

아주 늙은 사람들과 너무 어린 아이들 간에는 어려운 점이 별로 없지만, 중노인들과 중년기 자녀 사이는 그렇지 않다. 2011년 우리나라 노인들의 89%가 자녀들과 함께 살고 싶지 않다고 대답했다. 자식들이 싫고 미워서가 아니라, 자신들이 독립상태를 유지하기를 원하는 것이다. 대부분의 노인들이 가장 원하는 것은 독립을 유지하면서 자녀들과 계속 만나는 것이다. 노인들이 항상 연약하고 신생아처럼 돌봄을 받을 필요는 없다. 실상 아플 때 말고는 도움이 필요하지 않을 때가 많다. 그리고 노인들에게 도움이 필요하다는 것은 모두가 안다. 그럼에도 두려운 것은 도움이 필요하다는 자체가 아니라, 도움이 필요한 순간에 만들어지는 묘한 분위기이다. 급기야 관계가 최악으로 치닫기도 한다. 대개 이런 경우는 자녀들이 노인들을 위한 최상의 결정을 내리지 않고 적당하다고 생각하는 수준에서 결정을 실행해버리는 경우이다. 기억하라. 당사자인 노인이 모든 결정 단계에 포함되어야 한다.

관계가 좀 더 매끄럽고 서로에게 자유를 제공하는 방법은 단일 대안이 아닌, 다중 대안을 찾는 방법이다. 대개 노인들이 약해지면 성인자녀들은 노인들이 혼자 사는 것을 걱정하기 마련이다. 일부 자녀들은 부모들에게 가장 좋은 것을 간단히 결정해버리고는 노인 당사자와 한마디 상의도 없이 결정을 행동으로 옮긴다. 그러나 이것은 자녀들에게는 정당하나 노인들에게는 부당한 경우가 있다. 70대 중반에 아내를 먼저 보내고 홀로 지내는 김정석 씨를 두고 자녀들은 아버지를 모시고 사는 것이 좋을 것 같다고 판단하고 농촌에 살고 있는 아버지를 서울로 모시겠다고 했다. 김 씨는 거절했다. 자녀들은 아버지의 농촌생활이 지겹고 힘들 것이라고 생각했지만, 김 씨는 풀이 자라고 열매를 맺는 모습을 보고, 할 수 있는 일이 있고, 소출로 손자들에게 용돈도 줄 수 있어 농촌생활이 좋다고 했다. 결국 김 씨는 살던 대로 살기로 했다. 이 상황이 갈등으로 보일 수도 있다. 물론 작은 갈등도 있었다. 그러나 이 일로 자녀들과 김 씨는 서로 농촌과 서울의 삶에 대해 이야기를 나누며, 품을 떠난 자녀들과 오랫동안 하지 못했던 이야기를 나누고, 더 나아가서는 서로의 생각과 어려움을 나누는 계기가 되었다. 결정을 내리는 데 갈등과 고민이 있었지만, 대화를 통해 서로에 대해 더 잘 알고 그 과정에서 서로 성장하게 되었다. 성장이 더디게 나타나거나 실수나 실패도 있을 수 있다. 그러나 이 또한 인생 주기의 어떤 지점에서 나타나는 자유의 한 부분이다.

어린아이와 노인의 공통점은 '의존'이다. 누군가의 도움이 있어야 살아갈 수 있으니 말이다. 그럼 노년기는 인생의 두 번째 자녀기라고 봐야 할 것인가? 아니다. 노년에 하는 의존은 어린아이 시절의 의존과는 다르다. 또 성인 자녀와 그 부모간의 관계가 그 역할을 바꾸어 일어나는 것도 아니다. 부모는 부모다. 자녀는 자녀 역할을 하고 부모는 부모 역할을 한다. 자녀가 하는 일은 나이든 부모를 '키우는' 것이 아니라, '섬기는' 것이다. 이를 우리는 효도라고 한다. 성인자녀들도 이제 어린 시절을 지나 나이가 들어가고 자신도 늙어간다. 자신의 변화를 경험하면서 성인 자녀들은 부모를 객관적으로 볼 수 있게 된다. 부모의 강점과 약점, 필요와 권리, 개인의 인생사를 살피게 되고, 이제는 부모를 알고 사랑하는 시기를 맞게 된다. 이 단계에서 자녀가 된다는 것은 부모로부터 충분히 독립하고, 부모의 독립을 인정하며, 인생의 매듭을 풀고 부모의 어려움에 지지와 격려를 제공하는 것이다.

세상에 공짜는 없다. 얻는 것이 있으면 잃는 것이 있다. 상호적인 관계를 아무런 갈등 없이 이루기란 어렵다. 세대 간에는 갈등이 있기 마련이다. 그러나 갈등이 모두 부정적인 의미만 담지는 않는다. 갈등도 건강한 갈등이 있다. 건강한 갈등은 인간의 성장과 변화를 위한 방편으로서 창조적으로 사용될 수 있다. 갈등은 '맞다, 틀리다(right or wrong)'의 차원이 아니라, '차이(different)'의 차원에서 볼 때 건강하고 창조적으로 사용된다. 청년기, 중년기, 노년기에 있는 사람들이 서로에게 능동적으로 마음을 열 때, 인생 주기에서 서로 다른 부분에 속해 있는 차이들을 만나게 될 것이다. 그 차이는 희망과 도전을 준다. 차이가 있어야 각각이 더 빛나고 아름다워진다. 흰색은 검은색이 있을 때 더 밝고 희며, 붉은 색은 차이 속에서 꽃이 된다. 차이를 포함하고 있는 관계는 전체적인 아름다움을 드높인다. 짙푸른 하늘에 떠가는 하얀 구름을 생각해보라. 차이의 조화는 완벽한 아름다움을 창조한다. 그렇듯 공동체는 젊은이와 노인들이 재능의 차이를 조화시킨 꽃을 피울 때 풍성해진다.

5

사랑과 우정

세상엔 사랑도 참 가지가지다. 어린아이일 때는 부모님의 사랑을 받고, 귀여운 강아지, 그리고 친구와의 우정도 알게 된다. 나중에는 첫사랑의 황홀감과 실연의 아픔도 배우며, 신앙의 동지와 나누는 기쁨도 알게 된다. 사랑은 인생 전체를 통과하며 노년기를 지난다. 노년기에 경험하는 사랑은 무엇일까?

우리 인생의 전 과정을 사랑의 중심으로 가는 여행이라고 말할 수 있다. 세브란스 병원에서 훈련을 받을 때 자주 기적의 순간을 보았다. 한 남성은 췌장암 말기로 무척 고통스러워했고 급기야 임종이 임박했다. 호흡이 짧아지고, 의식을 잃었다가 되찾기를 반복했다. 그리고는 무의식 상태로 들어갔다. 호흡반응도 뇌파도 희망이 없었다. 가족들은 오열로 아버지를 잃을 두려움에 몸부림쳤다. 그 생명의 끝자락에 의료진 모두가 임종을 맞을 채비를 하고 있었다. 그때 그의 아내가 귀에 뭔가를 속삭였다. 그 후 5초쯤 흘렀을까? 심장이 정상적으로 뛰기 시작했다. 그리고는 환자의 눈에서 눈물이 흘러내렸다. 손가락에 힘이 들어오며 잡고 있던 아내의 손에 힘을 주었다. 그리고 평안하게 잡은 손을 놓았다. 임종 이후 그 아내와 상담을 하면서 계속 참고 있던 궁금함을 풀었다. 귀에 무슨 이야기를 했는지 조심스럽게 물어보았다. 아내는 잠시 나를 보더니, "한마디만 했어요. 하나님이 당신을 사랑하신다고." 평생 교회 근처에는 가본 적이 없는 남편이었다. 아내의 기도 소리를 듣고, 아내의 성경 읽는 모습을 보고, 아내의 신앙고백을 들었을 뿐이다.

사랑이 이생의 신비를 우리에게 열어놓는 것만 하는 것이 아니다. 사랑은 우리에게 하나님을 보여주기도 한다. 사랑이 있는 곳에 하나님이 계신다. 그리스도를 통해 우리가 알게 된 것은 인간의 사랑은 우리를 위한 하나님 사랑의 상징이라는 점이다. 사랑을 통해 우리는 하나님이 정말로 우리를 사랑하신다는 것을 믿게 된다. 즉 우리는 살아가면서 눈에 보이고 접촉해가며 사랑을 구현하게 된다. 노인 부부들은 도란도란 이야기를 나누는 예가 별로 없다. 그렇다고 싸우지도 않는다. 짐짓 무관심해 보이는 그 침묵의 현장은 눈에 보이지 않는 깊은 세월이 묶어준 신뢰의 끈이 있다. 그들은 존재가 곧 사랑이다.

또한 우정을 통해서 평안함, 안식, 그리고 하나님의 치유를 배운다. 그 치유는 대단한 모습으로 나타나지는 않는다. 아플 때 겉옷을 벗어 덮어주는 친구, 깁스를 한 팔을 보며 반찬을 만들어주고 청소를 해주는 친구. 이들이 나에게 평안을 주고, 안식을 주는 하나님의 치유의 손길이다. 친구는 내 옆에서 기쁨과 슬픔을 모두 듣고 우리의 손을 잡아서 따뜻하게 감싸주고 꼭 안아준다. 친구들 사이의 생산성이 나이가 들면서 줄어드는가 하는 문제는 그리 중요하지 않다.

우리 삶의 근원이 하나님이고, 우리 존재의 뿌리는 하나님의 사랑이다. 그러나 이것이 사실일지라도, 하나님이 우리 삶 속에서 진정한 인간적인 사랑을 통해 우리를 중재하지 않으신다면 그런 것을 경험하기란 어렵다.

예수님은 서로 사랑하라고 말씀하신다. 그리고 서로 사랑해야, 예수님의 명령을 실천해야, 비로소 그의 제자라고 말씀하신다. 이런 사랑의 명령은 나이가 들어가며 더욱 중요해진다. 노년기는 상실의 시대이다. 절친한 친구를 잃고, 노년의 동지들을 먼저 보내는 것은 친밀한 사랑의 퍼즐이 하나둘 깨어지는 것이다. 나를 지지하고, 나의 힘이 되고 내게 치유였던 친구들을 잃는 것은 나의 지체를 잃는 것이며, 나의 은사를 잃는 것이다. 나의 기반이 없어지며, 동시에 나의 자신감 역시 사라진다.

건강에 대한 이야기에서 시작해서 건강 이야기로 끝을 맺을 수 있는 사람은 환자와 노인뿐이다. 사람은 누구나 통증과 질병에 오래 노출될수록 관심사가 자기 안으로 수렴된다. 누구나 삶과 배경 모두 풍요롭게 늙었으면 하는 바람을 가진다. 끝까지 필요한 사람이 되고 싶기도 하다. 무뎌져서 쓸 수 없는 드라이버가 되어도 누군가 그 날을 세워 다시 쓸 수 있으니 말이다.

사랑은 이 무딘 날을 연마하여 절절한 삶의 도구로 쓰게 한다. 사랑 속에서 노년은 그 깊이가 깊어지고 그 삶의 폭을 더 넓히게 된다. 그야말로 복음, 기쁜 소식으로 다가온다. 풍성한 사랑은 노년을 살찌운다.

호모 에로스, 노인

이제 노인들의 성과 사랑의 이야기는 시대의 화두가 되고 있다. 노인들은 무성(無性)이라고 여겨졌던 지난 세기의 과오를 보상받고 싶은 모양이다. 지난 몇 년 동안 몇몇 영화와 드라마들이 노년기의 성과 사랑의 중요성을 새로운 방식으로 조명했다. 2002년 우리나라를 발칵 뒤집었던 〈죽어도 좋아〉, 〈육혈포 강도단〉, 〈그대를 사랑합니다〉, 〈엄마가 뿔났다〉 등등. 사랑과 성하고는 거리가 멀었던 노인들을 로맨스의 중심에 세우고, 성생활의 새 주인공으로 데뷔시켰다.

호모 에로스(homo eros)는 '성애의 인간'이란 뜻이다. 인간이라면 성적(性的)이다. 어떤 세대나 성은 삶에 힘을 주는 기본 요소이다. 인간에게 성은 지속적인 차원의 문제이며 우리가 다른 이들과 관계를 형성하는 모든 방식에 에너지와 열정을 지원하는 자원이다.

섹스(sex)는 대개 생물학적 성, 타고난 성을 말한다. 그리고 젠더

(gender)는 사회적 성, 남성적 역할, 여성적 역할을 주로 말한다. 그리고 섹슈얼리티(sexuality)는 성에 대한 보다 포괄적인 개념으로 이 입장에서 보면, 성은 섹스 곧 생식기 활동 이상의 것이다. 좀 더 나아가자면 인생에서 애정과 의사소통, 연민을 보여주는 힘이다. 성은 역동적이며 다채로우며, 다양한 형태를 갖는다. 그만큼 많은 단계와 의미를 가진다.

노인들은 50대만 지나면 성생활 지역에서 멀어진다는 생각을 갖게 된 원인은 꽤 다양하다. 물론 신체적으로 예전처럼 왕성한 근력이나 발기력을 갖지도 못하고, 폐경으로 임신의 가능성도 거의 없다. 그러나 노인들이 무성의 존재라는 생각은 젊은이들의 무지와 오만덕이다. 성적으로 한창 왕성한 성인 자녀들은 자신의 부모를 성적인 존재로 파악하는 데 있어 성변화에 대한 절대적 무지를 갖고 어떻게 생식기관이 변해가는지, 늙는 것과 성욕구가 어떤 관계에 있는지도 모르며 심지어 90세가 넘어서 성생활을 한다는 것은 범죄라는 말까지 한다. 모르면 용감해진다. 그와 더불어 더 중요한 점 하나는 성은 젊고 왕성한 사람들의 전유물이며 노인들은 성(性)의 우물이 이미 말라버렸거나 빈약할 것으로 그리는 사회적 편견이다. 종교도 여기에 톡톡히 한몫을 했다. 과거 종교는 아이를 갖는 것 말고는 부모로서 자녀를 양육하는 시기가 지난 후에 존재하는 성관계에 대해서는 범죄 다루듯 했으니 말이다.

그러나 평균수명이 이미 80세를 훌쩍 넘은 시대를 살아가고 있다. 부부가 함께 살아가는 시기, 즉 부부 주기가 50년을 넘은 지 오래이다. 건강상태는 중세 기독교가 세상을 주름잡던 시기와도 현저히 달라져 있다. 새벽녘 공원에서 건강을 기원하며 땀방울을 흘리는 사람들은 대부분 노인이다. 게다가 약도 좋은 세상이다. 의료적 혜택이 광범위해지면서 사소한 병에 죽는 사람은 없다. 한 발 더 나아가 노년기 정력을 향상시키는 다양한 시술과 약물, 그리고 성보조기구들까지 대량 유통되는 시대이다.

이러한 성문화 변화는 단순히 성(性) 자체로 한정되지 않는다. 50세만 넘어가도 부모들은 성생활을 하지 않을 것이라는 잘못된 생각들을 던져버릴 때가 되었다. 그래야 노부모들을 이해할 수 있다. 이제 부모기, 즉 부모로 살아가는 시기는 어린아이를 양육하는 시기를 훌쩍 넘어 성인 자녀에게 새롭게 유형화된 부모의 모습을 제공할 시대가 왔다. 성인 자녀의 부모되기라는 개념은 이 시기에 인간 발달상의 여성성과 남성성에 대한 이미지를 형성하는 데 중요하다.

최근의 글들은 노년기 성에 대한 오해를 바로잡고 있다. 다른 몸의 기능처럼 노화에 따라 성 활동 능력이 다소 감소하기는 하나 성 활동은 나이가 들어가면서도 지속될 수 있다. 80이 넘어서, 심지어는 90대까지도 지속된다. 남성의 경우 60대에 25%, 70대에 35%, 80대에 75% 정도가 발기부전을 보인다니, 나머지 퍼센트에 들어가는 남성들은 대부분 건강한 성생활을 영위하고 있다는 말 아닌가. 실제 어떤 경우, 나이라는 생물학적 변화가 아닌 다른 결정적인 요소가 작용하기도 한다. 심리적 불안, 은퇴, 가난, 사생활 부재, 우울증, 영양결핍, 사회의 태도 등 심리사회적 요인들이 노인들의 성 활동에 강한 영향을 미친다.

노년기 성에 관한 많은 연구들이 노년기 신체변화에 중점을 두고 있는데, 이는 심리적 · 사회적 변화의 주요한 역할을 배제한 것이기도 하다. 그러나 이 부분에서 우리가 놓치고 지나가기 쉬운 요소가 숨어 있다. 대부분의 신체적 성 능력의 결과들의 기준이 무엇인가 하는 문제이다. 노년기 성을 평가하는 주요 척도는 청년 중심의 척도들이다. 이는 젊은이들을 기준으로 모든 인간을 평가하는 불편한 기준으로서 다시 한 번 오류에 빠지는 일이다. 노인시대가 도래한 지금이 이런 일방적인 표준을 접고 모든 연령층에게 각각 적용할 기준을 확립할 때이다. 다시 말해 인간의 성과 성 활동의 의미를 보다 잘 이해할 수 있도록 중요한 통찰을 제공할 기회란 말이다.

노인들은 성이 서로의 소통을 위해 필요한 심오한 통신수단이란 점을 잘 알고 있다. 또한 성을 통해 관계가 어떻게 변화해갈 수 있는지도 안다. 오랜 삶의 경험을 통해, 수 년, 아니 수십 년 동안 알고 이해한 바, 좋은 관계를 만들어내기 위해 필요한 요소들을 속속들이 잘 알고 있다. 애정을 충분히 나눌 수 있는 장소를 찾을 줄 알며, 접촉하고 함께 눕고 서로를 은근히 느끼며 사랑을 나누는 방법을 안다. 애송이 시절을 지내며, 놓친 사랑의 시간을 보상이라도 하겠다는 듯, 노인들은 사랑 표현을 사랑하는 관계 속에 나타내고 분명히 표현한다. 한 여성 노인은 노인들의 관계를 다음과 같이 표현한다.

> 살면서 그런 일이 있겠나 싶겠지만, 나이가 들어 오히려 삶이 새로워지는 것 같아요. 잃은 것보다 얻는 것이 많고, 찾아야 할 것들이 많죠. 그러기에 시간이 많지 않으니까, 이제는 서툴지 않잖아요. 살아보니까 부끄러운 것보다는 내놓아야 할 것들이

> 많더라는 거지요. 사랑하고 사랑받는다는 것이 얼마나 행운인지 몰라요. 같이 잠자리를 하는 것도 나를 표현하는 방법이겠지요. 부끄럽고 수줍어서 못했는데, 사랑하는데 표현하지 않으면 다 놓쳐요. 늙어서 하는 사랑은 그거(섹스) 이상입니다.

노년기 성적 표현은 결국 감정을 말하는 것이고, 소통을 하는 방법이다. 말로만 나누는 사랑을 꿈꾸었다면 눈을 뜨고 똑바로 보아야 할 것이다. 노인들의 사랑은 접촉과 애무이다. 팝송의 노랫말처럼 'touch by touch, skin to skin.' 이들의 성적 접촉은 섹스 이상이다. 인생의 소중함을 나누고 현재의 애틋함을 경험하며, 서로를 돌보고 나누는 돌봄의 경험이고, 신비의 경험이다. 나이가 들어도 성적 만족감은 여전하다.

성과 사랑 속에서 노인들은 서로에게 은혜가 되고 은총이 된다. 이는 공동체에서도 마찬가지이다. 사랑은 무엇인가? 서로를 하나님께 드러내는 방식 아닌가. 지속적이고 믿을 수 있는 관계, 발견하고 쓰다듬는 관계, 용서하고 받아주며 믿어주는 관계이다. 스턴버그가 말한 사랑의 세 가지 요소는 친밀감, 열정, 헌신이다. 노년기 사랑은 친밀감과 열정, 그리고 최고의 헌신이 자리하는 융합의 자리이다.

섹스에 대한 이해는 대개 유전적 소인과 호르몬의 영향 등을 중심으로 이해하는 생물학적 결정론, 사회문화적 특성과 가족의 영향력 및 학습의 특성에서 성에 대한 이해를 보는 사회적 결정이 있다. 그리고 거기에 성경이 우리에게 성(性)을 무엇이라 하는지를 말하는 유신론적 결정도 있다. 크리스천들은 노인 부부 관계 속에서 하나님의 언약을 보는 통찰을 가질 필요가 있다. 30세가 넘어서도 계속 결혼을 미루고 있던 한 여성은 34세에 결혼을 결정했다. 그 결정에는 부모님의 헌신적 사랑과 모범이 있었다.

> 결혼이 어느 정도 학력이 있고 경제력이 있는 여성들에게는 그렇게 매력적이지 않아요. 애인은 있어도 결혼은 부담스럽죠. 그런데 얼마전 중풍으로 쓰러진 어머니를 돌보는 아버지의 헌신을 보면서 결혼의 의미를 발견했어요. 사랑의 언약은 세월과 병마가 갈라놓을 수 없는 걸 알게 되었어요.

노부부에게는 젊은 부부들에게서 찾을 수 없는 사랑의 형태가 있다. 사랑의 여정의 끝무렵에야 발견할 수 있는 사랑의 묘약과 같다.

다음으로, 노년기에 겪는 사랑의 위기도 말해보자. 요새는 황혼이혼이라 해서 노인들의 이혼을 일컫는 전문용어가 생길 정도로 노인 이혼율이 빠르게 증가하고 있다. 그들도 한때 사랑했었나 싶을 정도로 오랜 원한의 칼을 품고 법원에 들어온다. 이는 마지막 단계에서 겪는 사랑의 위기이자 도전이다. 노인들은 한계와 좌절을 발견하게 되고, 인간의 사랑의 애매함과 쓰라린 고통을 품고 지내왔다. 수년간 지속된 관계를 통해 이해와 정이 깊어졌다면 오해와 소외감 역시 함께 증가한다. 노년기의 예상치 못한 사랑 타령에 놀랐는가? 이혼 사유의 상당 부분이 성격차이라지만, 다음 순위를 잇는 것이 '외도'라면 단순한 배우자의 변심, 다른 사람과의 새로운 사랑은 노년기에 심각한 갈등과 분노를 촉발한다. 젊은 시절에는 애들 보고 참고 살고,

사느라 바빠서 함께 있을 시간이 적었으니, 갈등도 이만하지는 않았다. 노년기 여가시간이 증가하고 거의 하루의 전부를 함께 배우자와 지내면서 문제와 갈등의 골은 더 깊어진다. 오랜 갈등의 뿌리가 표면으로 올라오고, 감정적 충돌은 바야흐로 최고조에 도달한다. 노부부의 갈등 해법이 부부 당사자에게만 있는 것이 아니다. 공동체의 돌봄과 치유가 필요하다.

은퇴나 질병같이 노년에 받는 스트레스가 부부간의 오랜 문제를 더 강화시키기도 하고, 예상치 못한 건강상의 문제가 나타날 수도 있다. 한쪽 배우자에게 예상치 못한 질병이 발생할 경우, 모든 계획은 수포로 돌아간다. 은퇴 후 3년 동안 부부는 남은 삶을 준비하기 위해 캠핑카를 구입하고 여행지에 대한 정보를 수집하며 기대에 부풀었다. 그러나 이러한 계획과 기대는 아내의 갑작스런 자궁암 진단으로 위기에 봉착했다. 스트레스에 재정난까지 겹치면서 이들의 꿈은 날아가는 듯했다. 아내의 수술 후 안정권에 들어서기까지 꼬박 2년이 더 걸렸지만, 부부는 이전에 세웠던 계획을 실행했다. 병을 끌어안고 집안에 누워 있기보다는 새로운 모험과 기쁨을 갖기로 했다. 아내가 자주 쉴 수 있도록 캠핑카에 다양한 의료 장비를 설치하고 아내가 진료를 받으러 가거나 가볍게 외출을 하기 쉬운 방식으로 일정을 재조정했다. "이 정도 서비스는 해야 내가 남편이지요. 젊어서 나를 위해 고생했으니, 이제는 내가 갚으며 살아야지요. 우리 마님이에요!" 이들이 병을 이겨가며 떠나가는 여정에도 공동체의 지원과 지지가 필요하다.

재혼 역시 크리스천 공동체에게 중요한 사안이다. 노인들의 재혼은 우리나라에서는 최근의 일이지만, 점차 그 비율이 증가하고 있다. 남은 생을 배우자를 그리워하며 산다는 의미의 '미망인(未亡人)'이란 말은 더 이상 사용하지 않는다. 사별 후에 재혼을 선택하는 노인 숫자가 증가했으며 지속적으로 늘어가고 있다. 안 될 것이 무엇이겠는가? 최근에는 자녀들이 홀로 남은 부모의 재혼을 직접 추진하거나, 노인재혼을 전문으로 하는 기관에 요청을 하는 경우도 흔하다. 결혼이나 재혼은 이제 더 이상 젊은 사람들의 전유물이 아니며, 남은 재산을 잃어버릴까 봐 감추어놓고 혼자 여생을 재산을 지키는 문지기로 살던 시대도 끝이 났다. 재혼은 새로운 삶의 선택이자, 새로운 공동체로 나아가는 방법이 되었다. 요샛말로 노인 킹카인 '노카'라야 재혼도 기회가 있는 세상이다. 아이들과 친구들이 재혼을 권하는 경우는 아주 성공적인 경우이다. 크리스천 공동체는 이들을 축복하고 자리를 잡게 할 방법을 모색해야 할 것이다.

늙어도 외롭지 않게!: 우정과 나눔

노년학자들은 노년기에 가장 필요한 세 가지로 건강, 돈, 취미를 꼽는다. 그러나 많은 노인들이 건강 다음으로 노년기 행복의 가장 중요한 요소로 '외롭지 않기'를 꼽고 있다. 사람은 평생 다른 사람과 함께 살아가는 사회적 동물이다. 특히 생의 후반기에 다른 사람들과 친밀감을 경험하고 가까이 지내는 것은 노년을 성공적으로 보내고 삶의 질을 높이는 데 중요한 역할을 한다. 상실의 시기인 노년기에 이런 친밀감은 더욱 중요하고 절실해진다. 노년기에 누군가와 친밀하게 지내는 일이 쉽지만은 않다. 뭔가를 나누어야 하고, 때로는 포기해야 하는 상황을 맞는다는 게 어려울 때가 있기 때문이다. 그러나 그것보다 더 힘든 일은 노년기에 새로운 친구를 사귀고 친밀감을 나누지 못하는 것이다.

친밀감은 대개 호감과 함께 얘기된다. 호감은 우정과 사랑의 형성

과정에 공통적인 요소이다. 친구 간의 우정에도, 연인 간의 사랑에도 우선 호감이 발생해야 관계가 시작될 수 있다. 성적인 관계는 말할 것도 없다. 정도나 깊이는 다를지 몰라도 모든 우정은 친밀감의 핵심이라 할 것이다. 호감은 다른 사람과 친해지는 한 방법이다. 호감은 우정을 보다 쉽게 만들어내는 조건이다. 배우자이건, 이웃이건, 일생을 함께한 지우(知友)이건 모두 우정을 공유한다. 친밀감에 수많은 차원이 있지만, 여기에는 서로 간의 지지와 이해, 신뢰와 믿음이 포함된다. 친밀한 관계를 통하여 우리는 다른 이의 삶에 들어가게 되고 그 보답으로 그들의 인생을 만나게 된다. 그런 만남으로 우리는 관계를 만들고 유지한다.

친밀감은 노년기 우울감이나 근심을 덜어준다. 우정은 인생에 든든함과 의미를 준다. 노인들 이야기를 빌자면, 이는 "좋은 소식을 제일 먼저 알리고 싶은 사람"이며 "마음의 비밀을 알고 이를 지켜주는 사람"이다. 특히 노년기 여성들에게 친밀감은 한결 중요해진다. 심리학에서 인간을 정의하는 다양한 방법 중 하나는 여성이 '관계적 인간'이라는 것이다.

심리학적 정의가 없더라도 우리는 여성이 절친한 관계에 보다 마음을 잘 여는 것을 알고 있다. 대개 마음을 여는 특성은 곧 그 여성이 생존하는 능력을 보여주는 것이라고도 할 수 있다. 친구나 가족이 없는 여성노인들은 그렇지 않은 여성노인들에 비해 건강상태도 취약하고, 심리적인 질병도 많이 나타난다. 남성들의 경우 친밀감에 관련해서 보다 취약하기 때문에 나이가 들어가면서 갖게 되는 친밀한 관계에 대해서 여성들보다 대안을 찾기 어려운지도 모르겠다.

우정은 종교적 차원에서도 중요한 역할을 한다. 우리가 누군가를 믿고 그에게 의지한다는 것은 정말 놀라운 능력이다. 과연 우리가 살아가면서 누구를 믿을 수 있었나? 우리는 과연 다른 사람에게 사랑받을 가치가 있는 사람인가? 하나님께도 그러한가? 우리가 가치 있는 사람이라는 믿음은 다른 사람이 나를 믿어주고 관심과 연민을 경험할 때 느끼게 된다. '아, 하나님이 나를 사랑하시는구나.' 인간관계에서 사랑과 연민을 경험하는 순간, 우리는 하나님이 우리를 돌보시고 우리를 사랑하신다는 것을 알게 된다. 우정도 위기의 순간에 신앙의 지지대가 된다. 삶의 고통 앞에서 우리는 친구의 위로와 믿음을 보고 자신의 신앙을 돌아보게 된다.

노년에 사랑하는 사람을 잃어버리는 일도 많지만, 우정을 잃는 경험은 현존하는 관계를 살찌우는 계기가 되기도 한다. 사람이 살아가면서 누군가와 '관계'하는 것을 빼면 무엇이 남겠는가? 그러나 인생의 많은 시간을 다른 인생의 목표에 투자하며, 날마다 숨 쉬는 공기 같은 '관계'에는 시큰둥하다. 미래를 준비하는 에너지의 십분의 일만 투자한다면, 누구든 최고의 친구들을 거느리게 될 것이다. 아쉽게도 우리는 모두 '관계'의 중요성을 믿을 뿐이지, 관계를 따라 살지는 않는다.

잃어본 자는 가진 것을 소중히 여기는 법이다. 노인들은 실제로 우정의 가치를 알고 또한 다른 사람들이 얼마나 중요한지를 잘 알고 있다. 노년기는 이런 진정성 위에 우정의 탑을 쌓아간다. 무엇이 중요한지 아는 때이기에 노년은 우리가 인생에서 중요하다고 확신하는 가치를 몸으로 구현하는 시기가 될 수 있다. 그것은 사랑을 아주 작은 부분까지 실천하면서 가능해진다.

친구와 손을 잡아본 적이 있는가? 사랑하는 사람들끼리 손을 잡고 거리를 활보하는 걸 보면 부럽기도 하고 보기 좋기도 하다. 그들은 사랑을 '실천'한다. 접촉을 통하여 드디어 "말씀이 육신이 된다"(요 1:14) 접촉은 표현 언어이다. 즉 우리의 몸짓, 표정, 자세를 통하여 우리는 자신의 언어를 구사하기 때문이다. 늙으면 몸도 말을 잘 듣지 않는다. 누군가 그 손을 잡아줄 사람도 많지 않다. 상담을 하는 동안 특별한 경우를 제외하고는 내담자들과 자주 손을 잡거나 가볍게 어깨를 잡는다. 이게 뭐 그리 특별하겠나 하지만, 알고 있는가? 노인들은 다른 사람들과 손을 잡거나 몸 접촉을 해본 적이 많지 않다는 것을. 놀랄 것 없다. 이 책을 읽는 젊은 사람들, 혹은 나이가 든 사람들이라도 부모의 손을 잡고 거리를 걸어본 적이 있는가? 많지 않을 것이다. 노인들은 자신의 두 손을 맞잡는 것 말고는 다른 손을 잡을 기회가 많지 않다. 접촉은 체온을 전달하고 관심을 표현한다. 우리가 살아 있고 다른 사람들에게 중요하다는 것을 확신하기 위해서 누군가가 자신을 만져주기를 원한다.

유아를 대상으로 한, 접촉의 힘을 알리는 실험이 있었다. 한 그룹은 보통 양육형태처럼 아이를 만지고 먹였고, 한 그룹은 어떤 돌봄도 없이 음식만 제공되었다. 8개월이 채 못되어 접촉을 경험하지 못한 아이들은 모두 사망했다. 인간은 접촉을 원한다.

또한 터치는 나이를 먹어가는 시점에서는 더욱이 예수님의 숨겨진 신비를 드러낸다. 우리가 약해지는 순간 하나님은 우리를 찾아오신다. 곧 하나님이 자신을 드러내는 것은 바로 인간의 육신이 나약해질 때이기 때문이다. 인간의 연약성에는 하나님 임재의 힘이 있다.

사랑으로 부르심

나이가 들면서 우리가 가진 사랑은 보다 보편적이고 자비롭게 된다. 자비는 다른 이의 관심 표현을 귀기울여 듣고 그것에 대해 제 나름의 방식으로 대답하는 능력이다. 자비는 불평등과 평등이, 삶과 죽음이, 가난과 부유함이, 질병과 강인함이, 존재와 시간이 공존하고 있는 이 공동체에 필요한 덕목이다. 자비를 통해 다른 이들에 대한 관심을 끌어안을 수 있기 때문이다. 자비는 희망, 즉 자신을 넘어서서 미래에 대한 희망이 된다. 나이가 들면 대개 인생의 지평이 좁아진다. 이는 노년기의 숙제이기도 하다. 노년기에 해야 할 중요한 임무 중 하나는 이러한 지평을 더 넓혀가는 것이다.

세상에서 으뜸인 일은?

기쁜 마음으로 나이 먹고 일하고 싶지만 참고
말하고 싶지만 침묵하고 실망스러워질 때 희망을 갖고
마음 편히 공손하게 내 십자가를 지는 일.

젊은이가 힘차게 하느님 길을 가도 시기하지 않고
남을 위해 일하기보다 겸손되이 남의 도움을 받으며
몸이 약해 아무 도움을 줄 수 없어도
온유하고 친절한 마음을 잃지 말자.

늙음은 무거운 짐이지만 하느님께서 주신 선물
오랜 세월 때 묻은 마음을 세월의 무게를 담아 마지막으로 닦는다.
내 고향으로 돌아가려고…
이 세상에 나를 묶어 놓은 끈을 하나씩 하나씩 끊는 것은
참 잘하는 일이다.

세상에 메어 있지 않아 아무것도 할 수 없게 되면
겸손되이 받아들이자.
하느님께서는 마지막으로 '기도'라는 가장 좋은 것을 남겨두신다.

손으로는 아무것도 할 수 없어도,
두 손 모으면 늘 할 수 있는 기도.
사랑하는 모든 이를 위해
하느님께서 은총을 베푸시도록 빌기 위해

모든 것이 다 끝나는 날,

"어서 와, 친구야. 너를 결코 잊지 않았어."

임종 머리맡에서 속삭이는 하느님을 만나게 될 것이다.

- 김수환 추기경 옮김, <독일 어느 노인의 시>

노년기 자비의 모델은 예수님의 삶 속에서 발견할 수 있다. 예수님이 자신을 비우시는 경험이 바로 그것이다. 예수님은 우리의 인간됨을 받아들이시고 꿈이 깨어지고 희망도 잃어버리는 우리 인간의 경험에 동참하셨다. 노년기의 사랑은 예수님이 자신을 비우셨던 그 사랑과 같다. 노화는 그 자체로 체념, 분리, 자기에 대한 관심사를 씻어버리는 것을 포함하고 있다.

또한 자비는 인생의 고통이 다른 이를 위한 구속의 자원이 되게 하는 한 방법이다. 자신이 한 알의 밀알이 되어 썩어져 새가 쉴 수 있는 나무의 근원이 되듯이 말이다. 우리는 자신의 고통을 알기 때문에 다른 이들도 고통스럽다는 점을 알고 있다. 그제야 비로소 우리는 다른 이들의 삶에 들어갈 수 있다. 다른 이에게 고통이 무엇인가를 알기 때문에 고통 중에 처한 이들에게 위로와 지지, 돌봄을 제공할 수 있는 것이다. 나이를 먹어가며 자신을 비우는 것은 낭비가 아니다. 그것은 다른 이들을 위한 사랑이고 선교이다. 예수님을 닮아간다면 그것이 바로 사랑의 실천이 된다. 다른 이를 사랑하고 자신의 생명을 모두를 위해 내어주는 것, 그것이야말로 크리스천의 용기이다.

용기라 해서 노년기의 사랑을 대단한 것으로 생각할 필요는 없다.

노년기의 사랑은 따스한 한마디 말이나 외로운 사람들을 찾아가 말벗 정도 해주는 것이라도 족하다. 종종 그들의 푸념과 불평, 슬픔, 즐거움을 들어주기만 하면 된다. 그들은 누군가 들어주기를 기대하고 있기 때문이다. 한 노인복지관에 유명한 남자 어르신이 계신다. 이분이 유명한 것은 외모나 능력 때문이 아니라, 길을 지나가는 어린 아이들에게 매번 "오늘은 리본이 참 예쁘구나", "걸음이 어쩜 이렇게 씩씩하니", "눈빛이 살아 있는 게 용기를 가진 아이구나." 등 용기와 격려, 칭찬을 아끼지 않고 해주기 때문이다. 아이들은 마냥 신난다. 아이들의 재능을 읽어주고, 삶을 격려하고, 기쁨을 유발한다. 이런 칭찬 서비스에 동네 사람들은 지나가는 길에 모두 그분께 인사를 하며 존경을 표한다. 이분이 이런 말씀을 하셨다.

> 내 눈에 보이는 것만 하는 거지.
> 이게 능력이라고?
> 이게 기쁨이야, 하는 사람이 더 즐거워.
> 좋잖아. 지나는 사람들은 다 하나님이야.

6

유머와 희망

사람에게 마음의 여유가 있는지 없는지를 알아보기 위해서는 그 사람의 말에 유머가 있는가 없는가로 가늠할 수 있을 것이다. 유머가 없는 사람은 마음의 여유가 없으므로 말도 여유 있게 할 수 없고, 얼굴 표정도 역시 경직되어 좋지 않아 보인다. 누구나 그 마음속에 있는 것을 입 밖으로 말하게 되어 있고, 아울러 얼굴 표정으로 나타나게 되어 있다. 유머가 없고 표정이 굳어진 사람은 마음의 여유가 없음은 물론, 무엇인가 불만과 불안에 가득 찬 사람일 수밖에 없다. 실존주의 심리학자 롤로 메이(Rollo R. May)는 신경증에 걸린 사람의 공통점은 마음의 여유가 없다는 것이라고 밝힌 바 있다. 또 심리학에는 '데드 마스크(죽은 얼굴, dead mask)'라는 표현이 있는데 역시 마음의 여유가 없어 얼굴이 굳어진 사람을 뜻한다.

유머와 웃음은 그것을 가지고 있는 자신은 물론 그것을 보고 듣는 사람의 마음에도 치료적 효과가 매우 크다. 유머와 웃음은 마음의 여유를 가지고 문제를 전혀 다른 시각에서 본다는 것을 의미한다. 또한 유머와 웃음은 관계의 친밀도를 높게 만든다.

또한 유머는 스트레스 대처능력을 향상시키고 자아개방을 원활히 하여 보다 솔직해지고 좌절과 분노의 배출구가 되는 기능을 한다. 게다가 유머는 변형적 요소가 강해 어떤 일에 새로운 시각을 부여하여 상황에 휘말리지 않고 통제할 수 있도록 해준다. 유머를 효과적으로 사용하는 데 있어 중요한 것은 역시 즉흥성이다.

유머의 의도는 그 말을 들은 사람이 자기 문제에 대한 염려와 불안으로부터 벗어나 마음의 여유와 웃음을 가질 수 있게 만드는 것이다. 유머는 어떤 사실 또는 문제와 자신 간에 거리를 두도록 만드는 기능이 있다. 즉 유머를 통해 초연한 상태에서 자신을 바라보게 함으로써 자신의 곤경을 초월하도록 돕는 것이다. 실상 상담현장에서도 유머와 심리적 여유를 가진 내담자는 심각하다고 할 수 있는 문제에서도 증상 회복이 빠르고, 신체적 질병치료에도 빠른 호전을 보인다.

유머는 노년기 삶의 특징적인 면이 되어야 한다. 물론 사람은 대부분 웃고 산다. 농담을 듣고, 만화를 보고, 어이없는 일들을 보고 웃곤 한다. 그러나 유머는 구사하는 것이고, 자기에게 맞는 형태로 구성될 때 제 기능을 한다. 특히 우리가 오랜 시간을 살면서 광범위하고 복잡다단하게 사람들을 경험할 때에 비로소 우리는 깊이 있고 진짜배기 유머를 구사할 수 있다.

유머는 노년의 축복일 뿐 아니라 노년기 희망과 치유와 불가분의 관계에 있다. 유머는 한계와 실패를 초월해 현실이 최악의 비극이 아니라는 점을 알려준다. 어둡고 시커먼 하늘 한가운데를 뚫고 비치는 한 줄기 햇살처럼 유머는 하나님의 지속적인 현존을 알려주며 인간의 미래에 희망을 준다. 이러한 유머와 인간의 한계, 그리고 유머와 인간의 가능성은 노년기 영성에 필수적이다.

유머와 삶의 자리

노인복지회관 노인들이 종종 들고 다니는 글귀들이 있다. 서로 읽어주며 재미를 나누는 모양이었다. 잘 들리지 않는 할머니의 귀에 할아버지 한 분이 입을 귀에 가까이 대고 글을 읽어주니 할머니는 귀가 간지럽다며 한참을 서로 웃고 있었다. 이 기회에 슬쩍 가서 물어보았더니, 읽어줄 생각은 않고 한 부를 복사해서 내게 주셨다. 그것은 시(詩)였다. 일본의 100세 노인 시바타 도요가 쓴 시다.

나이를 먹을 때마다
여러 가지 것들을
잊어 가는 것 같은
기분이 들어

사람 이름
여러 단어
수많은 추억

그걸 외롭다고
여기지 않게 된 건
왜일까

잊어가는 것의 행복
잊어가는 것에 대한 포기

매미 소리가 들려오네

–시바타 도요, 〈잊는다는 것〉

일면 이 글은 노년의 한계를 그리고 있다. 늙으면 더뎌지고 잊어가기 때문이다. 예리하게 보지 못한다. 에너지도 바닥이 난다. 한계를 느끼게 된다. 이런 경험을 하면서 비난을 맛보고 무기력감을 느끼게 된다.

그러나 이 글에는 또 다른 차원이 있다. 내게 그 글을 주었던 커플이 보여준 웃음과 즐거움이 그것이다. 유머는 관점을 바꾸며 우리의 한계를 웃음으로 바꾸어놓는다. 유머는 인간 존재의 비극적 성격과 우리를 한 방향으로만 가두어놓는 한계점을 인식하게 한다. 그러나 이런 조건을 통쾌하게 웃어버림으로써 우리는 이것이 끝이 아니라고 선언을 하게 된다. 극복할 수 있는 것이다.

게다가 아무래도 웃음은 사회적이기 마련이다. 재미있는 농담은 어느 누구를 막론하고 다들 즐거워한다. 유머는 그 이상으로 사회적이라 할 수 있다. 왜냐하면 농담이라는 것이 결국 우리에 관한 것이기 때문이다. 편안함과 기쁨은 진정한 유머를 들을 때 온다. 그 이유는 우리 스스로가 자신의 나약함과 어리석음을 함께 통감하고 있기 때문이다. 우리는 단순히 우리의 상황에 대해 웃는 것이 아니라 함께하는 인간 전체의 상황에 대해 웃는 것이다. 나이가 들수록 그런 웃음이 필요하다.

예수님과 노인

그날도 변함없이 예수님이 죽은 자를 맞이하고 있었다.

그때 눈에 너무 익은 한 노인이 세상을 떠나 예수님 앞으로 다가왔다. 예수님은 혹시 육신의 아버지였던 요셉이 아닌가 하는 생각에 노인에게 물었다.

"당신은 아들이 있습니까?"

예수님의 말에 노인은 흔쾌히 대답했다.

"예, 그렇습니다."

"그렇다면 당신 아들의 특징을 한번 말씀해 보시겠어요?"

"제 아들은 손과 발에 못자국이 있습니다."

노인의 말을 들은 예수는 감격의 눈물을 흘리며 말했다.

"흑, 아버지 저를 보세요. 제 손과 발에는 못자국이 있습니다."

그러자 아들을 찾았다는 기쁨에 노인이 눈물을 흘리며 말했다.

"흑, 정녕 네가 피노키오란 말이냐?"

노인들은 비극과 희극이 인생에 함께 어우러져 있다는 것을 안다. 성공은 실패와 한데 섞여 있고, 기쁨은 슬픔과, 사랑은 증오와, 그리고 건강은 질병과 함께하며, 소유는 상실과 더불어 존재한다. 이때 슬픔을 기쁨으로, 증오를 사랑으로, 상실을 소유로 뒤집는 역설의 핵심에 유머가 있다. 또한 유머 덕에 현실로 되돌아온다는 점을 보면 유머는 우리가 잃거나 거부당하는 시점에서조차도 우리에게 남겨져 있는 자원을 잘 이용할 수 있도록 돕는다. 애통해할 줄 아는 자만이 진정으로 웃을 수 있다. 비극의 고통은 깊고 넓은 희극의 전조이다.

노년기의 즐거움 중 하나는 인생에서 더 이상 대단한 것을 기대할 것이 없다는 데 있다. 이 무슨 소리인가? 기대 속에 매여 있지 않기 때문에 더욱 자유로울 수 있다는 말이다. 눈치 보지 않고 살아가고, 원하는 것을 원하는 방식대로 소유할 수 있는 시기가 노년기다. 이때의 자유는 돌봄의 의미를 부정하는 것이 아니다. 오히려 이 자유는 우리가 성숙성이라고 배운 것들과 함께 간다. 여기에는 정보나 기술도 필요치 않다. 근심으로 삶의 소중한 에너지를 소진하지 않는 법을 배우게 된다. 다른 사람들이 나를 싫어할까 봐 얼마나 마음을 졸이며 살았던가. 노인들은 알고 있다. 그들이 내게 무관심했던 것은 내가 싫어서가 아니라 그들이 다른 일로 바빴기 때문이라는 점을 안다. 그야말로 진리가 노인을 자유롭게 한다.

중년기를 경험하면서 청년기의 강인함을 잃는 경험을 시작하게 된다. 그때의 지력, 그때의 신체 능력, 그때의 놀라운 순발력이 귀중함을 알기 시작한다. 이 청춘과 아름다움을 다시 돌이키고 싶은 마음이 굴뚝 같아진다. 자신의 한계를 넘어서고픈 도전정신이 생긴다. 중년기 위기를 넘기며, 우리는 우리가 유한한 존재이며, 이를 더 이상 부정할 수 없다는 것을 인정하게 된다. 전만큼 건강하지도 않고, 빠르지도 않으며, 머리도 잘 굴러가지 않는다는 것을 인정하는 동시에 우리는 하나님의 선물을 받게 된다. 이 위기를 지낸 선물로 우리는 내면의 가장 깊은 자기와 만나게 되면서 지혜와 통찰 면에서 성장을 이루게 된다.

시작된 노화는 멈추지 않는다. 신호도 없이 직진이다. 사람은 누구든 처음 태어나고, 처음 5살이 되며, 처음 2011년 11월 21일 10시 34분 51초를 산다. 유한성은 점점 현실이 된다. 어려서부터 알고 배워왔던 인간의 유한한 특성이 "말씀이 육신이 되는" 순간이 온다. 누구도 노화를 예상하지 못했고, 누구에게나 늙음은 우연이다. 이 절망의 시점에 유머는 한계를 넘나들게 하는 희망이자 초월적인 희망이 된다. 그리고 또 하나의 은총이다. 은총의 가능성은 도무지 줄지 않는다. 그리고 이런 은총의 특성은 전 연령을 통과하며 지속된다.

유머의 가르침은 여기에서 멈추지 않는다. 유머가 인간 존재의 한계를 알려주면서 더불어 인생에서 절대적인 것은 없다는 것 역시 알려준다. 경험은 우리에게 불변의 선물을 준다. 고정관념과 고집불통의 사고방식이다. 생각과 가치, 습관과 기대는 사회를 경험하면서 얻은 귀중한 학습결과물이다. '어떻게 얻은 인생훈장인데' 하며 신주단지마냥 애지중지할 수도 있다. 그러나 적어도 성인으로 살아가며 스스로가 다른 사람에게 날카로운 창이 되기 쉬워도, 다른 사람들에게 생각할 시간을 준 적이 많지 않다는 점을 잘 알고 있다. 이런 긴장과 자만의 시간에 유머가 제대로 역할을 한다. 알다시피 인생은 매순간 진지하지만, 산다는 것은 그렇지 않다. 일상에서 웃음이 없다면 우리는 모두 미치고 말 것이다. 모두 신경증 환자가 되어 웃음을 찾아 정신과를 전전하게 될 테니 말이다. 유머는 웃음을 찾아주는 요술방망이이자, 우리 마음의 안식처이고 미래를 꿈꾸게 한다.

유머가 겸손과 하나님을 보여주기도 한다. 유머가 언어가 가지는 현상 이상의 초월적 가치를 보여주듯이 우리의 관점은 유한하고, 인생에는 더 크고 전능한 힘이 있다는 것을 알게 된다. 나이를 먹어가면서 유머의 중요성이 부각되는데, 유머가 없다면 어떨까? 잘 지낼 수 있을까? 웃으려고 노력하라. 현재의 문제를 만화처럼 생각하고 그것을 다른 이들과 함께 나누어보라. 무엇보다 여러분의 삶과 경험이 일치하지 않는다는 것을 기억하려고 노력하라. 웃음은 대개 방어를 풀고, 전에는 미처 몰랐었던 것이지만 실상 늘 그 자리에 있었던 것을 지금 볼 수 있을 만큼 편안해질 때 나온다. 방어가 풀리고 희망과 관계가 만들어지는 잔치자리, 그것이 유머이고 화합하는 하나님의 임재 경험이다.

희망이 있어 다행이다

일상에서 유머보다 우리가 더 간절히 바라는 말이 있다면, 그것은 희망일 것이다. 희망은 미래를 꿈꾸게 하는 가능성이다. 그리고 희망은 모든 인생의 중심에 있다. 사람에게 가장 잔인한 행동은 그 사람에게서 희망을 빼앗는 일이다. 미래가 없는 것으로 각인시키고, 미래가 없다는 것으로 존재의 이유를 갈취하는 일이다. 이런 잔인하고 비인간적인 일은 사실 일상 속에서 일어난다. 노인들은 날마다 이렇게 희망을 빼앗기고 미래를 갈취당한다. 이스라엘인들이 애굽에서 나와 황무지 위에서 40년을 견딜 수 있었던 것은 약속의 땅에 대한 희망이 있었기 때문이다. 아브라함이 모든 것의 근원이자 유업이 남아 있는 고향을 기꺼이 떠날 수 있었던 것 역시 신실하신 분이 주신 분명한 약속, 희망이 있었기 때문이다. 미래가 그들에게 새로운 기회를 줄 것이라는 믿음이 있었기 때문이다. 그리고 그 희망으로 아브라함과 이스라엘은 "하늘의 허다한 별과 또 해변의 무수한 모래와 같이 많은 후손이 생육하였느니라." 우리가 누군가를 사랑한다는 것은 그에게서 뭔가를 기대하는 것이다. 이것은 동시에 이 기대를 이루고자 하는 가능성을 믿는 것이다. 그렇다면 기대한다는 것은 일면 주는 것이다. 한편 더 이상 아무것도 기대하지 않는다는 것은 더 이상 기대를 받을 것이 없는 사람의 존재 근원을 뿌리째 흔들어놓는 것이다. 이것은 그에게 유일한 희망인 창조성과 가능성을 송두리째 빼앗는 것이다.

여러분들의 노년기 모습을 상상해보라. 기대된다면 참으로 희망적이다. 그렇지 않다면 여러분 앞에는 나약함과 무기력함, 가난과 장애, 그리고 죽음뿐이다. 옆에 있는 노인들이 "나는 약해." 혹은 "상황이 나아지겠어?"라고 말한다면, 힘내시라고 말을 할 것이다. 그들의 말이 틀리거나 불합리한 말인가, 아니면 감정에 호소하는 부적절한 말인가? 현실은 다르다. 불가능하다는 생각을 자꾸 하게 되면 우리에게 희망은 점점 소원해진다. 진정한 희망은 세상이나 개인적으로 경험하게 되는 힘든 현실을 설명할 수 있어야 한다. 그럼 희망을 주어야 하는가? 현실을 말해야 하는가?

삶이 힘들었던 노인들은 제 나름의 방식으로 희망에 한계를 긋는다. 그들은 살면서 현실적으로 가능한 것에만 희망을 둔다. 꿈꾸지 않는다. 이런 과정에는 여러 번에 걸친 기대와 잇따른 절망과 포기과정이 반복되었을 것이다. 기억하라. 상상이야말로 우리가 미래를 꿈꿀 수 있는 방법이다. 미래를 갖고 싶다면 희망을 가져야 하는 이유이다. 기독교는 미래적 종교이다. 따라서 희망을 가지고 살도록 부름을 받은 크리스천인 우리들은 나이를 먹어갈지라도 미래는 재판관이자 은총이라는 것을 기억해야 한다. 다시 말해 미래는 절망으로 가는 통로가 아니다. 미래는 새로운 축복과 성취를 위한 것이다. 미래는 꿈과 희망이 있는 공간이다.

희망은 인간의 지평을 넓힌다. 절망은 다르다. 절망의 경험은 어떤 것인가? 절망은 어두움, 사로잡힘, 덫에 걸림, 상황을 벗어날 길이 없다는 느낌이다. 절망은 철에 생긴 녹처럼 존재를 무너뜨린다. 노인들은 대개 교육현장에서 "그래서 그게 무슨 소용이요?", "배우면 뭘 해, 다 잊어버리고 마는데, 더 뭐 기대할 게 있나?", "인생이 너무 버거워요. 빨리 끝났으면 하는 생각밖에 없어!" 절망은 삶의 에너지를 고갈시킨다. 절망이란 쓸데없다는 느낌, 무용지물이라는 느낌, 모든 게 불가능하고 힘에 부친다는 느낌이다. 그때 모든 삶이 얼어붙어 버리고 이른 서리마냥 바짝 얼어붙고 만다. 반대로 희망은 모든 것이 달라 보이게 한다. 우리 인생을 전에는 한 번도 시도해본 적이 없는 방식으로 이끌어간다. 삶을 고귀하게 하고 늙는다는 것에 새로운 의미를 부여한다.

> 슬픈 시로 내게 말하지 마라.
> 인생은 단지 헛된 꿈일 뿐이라고!
> 잠자는 영혼은 죽은 것이고
> 만물은 외양의 모습 그대로가 아니니까.
> 인생은 진실이다! 인생은 진지하다!
> 무덤이 인생의 목표가 될 수 없다.

"너는 흙이나, 흙으로 돌아가라."
이 말은 영혼을 두고 한 말이 아니다.
우리가 가야 할 곳, 또한 가야 할 길은
향락도 아니고, 슬픔도 아니다.
저마다의 내일이 오늘보다 낫도록
행동하는, 바로 그것이다. -《인생찬가》 중에서

사실 예수님의 인생이 노화에 대한 실마리처럼 보이지는 않는다. 아마도 그것은 예수님이 젊은 시절에 생애를 마치셨기 때문인 것 같다. 그러나 굳이 말하자면 예수님의 공생애 기간은 예수님에게 있어 노년기라 할 수 있다. 3년의 공생애 말고 건강하고 혈기왕성했던 청소년기 · 청년기에는 무얼 하다가 그제야 공생애를 시작했는지 궁금할 것이다. 그러나 그 궁금증 이전에 우리가 기억할 것은 그 좋던 시절 이후에 예수님이 공생애를 시작하신 이유이다. 하나님의 목적을 성취하는 데 필요한 것은 시간의 길이가 아니다. 말씀과 가르침, 기적과 십자가 구속, 부활은 물리적 시간의 크기가 아닌 하나님의 목적을 이루기 위한 질적 시간, 곧 의미의 시간으로 간주해야 한다. 물리적 시간을 의미하는 크로노스는 의미의 시간을 말하는 카이로스의 가치를 대신할 수 없다.

아동의 때가 있고, 청소년 때가 있다. 중년 때가 있고, 노년 때가 있다. 그리고 우리는 우리의 '때', 즉 가장 중요한 사건이 인생의 어느 때에 일어날지를 알지 못한다. 실상 그것은 인생의 마지막 해, 마지막 달, 마지막 순간에 일어날 수도 있다. 사는 데는 마지노선이 없을 뿐 아니라 살아 있는 한 느끼는 바와 행동하는 것에 대해서도 한계를 알 수 없다. 그렇다면 노년기는 새로운 시작을 위한 용기를 얻는 때가 될 수 있다.

괴테는 70대에 파우스트를 썼고, 피카소는 91세 임종의 순간까지 그림, 드로잉, 조각 등 다양한 분야에서 작품들을 완성시켰으며, 르느와르는 70세에 자화상을 그렸다. 이 모두 노년기의 한계를 경험하며 완성한 예술결과들이고 이들은 모두 용기의 산물들이다. 마틴 부버도 노년에 시력이 약해지고 병이 반복되었지만, 마지막 혼수상태에 이를 때까지 히브리 성서를 독일어로 번역하는 네 번째 수정판 작업을 계속했다.

용기를 내고 새로 시작해야 희망이 보이기 시작한다. 시작하지 않는다면 희망도 요원하다. 노년기에 새로이 그림을 배우고, 시를 읽고, 컴퓨터를 배우고, 스포츠댄스를 연마하는 노인들 이야기는 우리나라에서도 새로울 것이 없다. 복지관마다 노인 화가들의 데뷔 작품들이 걸려 있고, 시인들의 낭송이 이어지며, 이메일을 주고받고, 손을 잡은 채 스텝을 맞춘다. 이처럼 예상치 못한 새로운 경험은 치유 효과도 갖는다. 그리고 이 치유의 경험과 새로운 삶이 한 사람의 존재를 바꾸게 된다.

크리스천의 소망은 하나님께 있다. 크리스천은 신앙과 더불어 사는 삶이다. 그것은 눈속임도 아니고 맹목도 아니며 신앙을 가볍게 평가하는 것도 아니다. 희망은 어떤 특별한 상황에서 이루어진 일을 하나님에게 돌리는 것이 아니다. 예를 들어 질병에서 몸이 회복된 것과는 다른 것이다. 희망은 마침표 없이 끝없이 열려 있는 것이며, 하나님의 약속이 신실하며 반드시 이루어진다는 믿음에 근거하고 있다. 신앙은 우리의 제한적인 희망에 더 큰 가능성을 열어준다.

희망은 나눔이기도 하다. 혼자 꿈을 꾼다고 생각할 수 있다. 그러나 희망을 홀로 이룰 수 있는 사람은 없다. 희망은 나눔이고 섬김이며 교제이기 때문이다. 우리는 다른 사람과 함께 희망을 만들어가고, 다른 사람들과 더불어 희망을 창출한다. 서로가 도움을 주고 우리 자신과 주변 상황 속에서 가능성을 찾아봄으로써 우리는 서로에게 희망을 제공하게 된다. 성서의 하나님은 꿈꾸는 희망, 그 미래의 하나님을 통하여 나이와 무관하게 모두를 새로운 미래로 이끌어 가신다.

보다 더 나은 미래의 훗날에 대해
사람들은 많이 얘기하고 꿈을 꾼다.
행복한 황금의 목적을 바라
그들이 뛰고 추구함을 우리는 본다.
세상은 늙고 다시 또 젊어지나
인간은 항상 개선을 바란다.

희망이 그를 삶으로 이끌어준다.
희망은 명랑한 소년을 감싸 나부끼고
그 마술의 빛은 청년을 유혹한다.
희망은 백발노인과 같이 묻히지 않는다.
무덤 속에 지친 여정을 끝맺더라도

무덤 위에 그는 희망을 심기에.

그것은 바보의 뇌리에서 만들어진
허황된 아첨의 환상이 아니다.
마음 속, 높은 소리 들려준다.
보다 더 나은 것을 위해 우리 태어났다고.
마음속 소리가 말하는 것
그것은 희망의 영혼을 속이지 않는다. - 쉴러, 《희망》

노년기는 실상 희망의 경험과 구색이 잘 맞는다. 상실 경험이 충만한 노년기에 희망은 노인들을 둘러싸고 있는 사회적 장벽에서 활로를 줄 수 있기 때문이다. 그리고 이러한 희망은 하나님을 향한 소망을 향할 때 더 아름답다. 즉 희망의 자리는 아직 비어 있는 자리이며, 바로 이 자리의 공허는 하나님을 향한 희망의 자리이기도 하다.

크리스천의 마지막 소망은 하나님과의 놀라운 연합에 있다. 우리가 다시 젊어질 수 없는 노구(老軀) 앞에서, 무능함을 즉시 해결해주지 않는 현실 앞에서, 배우자를 먼저 데려가는 절망 앞에서, 심지어 희망을 불씨가 꺼져버리는 현장 안에서조차, 하나님의 도우심을 느끼지 못하는 상황에서조차 우리는 하나님이 우리 가까이 어딘가에 계신다고 믿는다. 이는 예수님의 부활 속에서 이해된다. 죽음은 하나님과 우리의 연대를 무너뜨릴 수 없다. 우리의 작은 희망은 모두 이런 큰 희망 안에 있다.

그러나 현실은 잔혹하다. 죽음은 죽음일 뿐이고 고통은 돌아오지 않는 메아리이다. 크리스천의 소망은 늘 현실과는 어긋난 지점에 있다. 그러나 그리스도 안에서 희망은 고통 중에 위로가 되며 고통을 제거하실 하나님의 약속이다. 크리스천의 희망은 하나님과의 연합을 통해 더 이상 사적인 것이 아니다. 오히려 그것은 하나님과 연합이 그러하듯 사랑의 표현이자 고통받는 모든 이와 함께 연합하는 것이다. 이러한 연합은 희망이 '육신이 되게' 하는 현장을 만들어낸다. 하나님의 약속에 마음을 열어 놓을 때, 사라와 아브라함처럼 우리는 다음 세대를 위한 약속을 받은 자가 될 것이다.

7

상실과 죽음:
잊는 것과 잊히는 것

내 인생에 포기는 없다.

존재를 잃어버리면 가슴을 잃는 것이다.

가슴을 잃어버리면 자신을 잃는 것이다.

자신을 잃어버리면 세상을 잃는 것이다.

인생은 실패할 때 끝나는 것이 아니라

포기할 때 끝나는 것이다. – 천양희, 〈상실〉 중에서

잃는다는 것은 무서운 일이고 슬픈 일이다. 그리고 노화 과정에서는 엄청난 도전이기도 하다. 인간은 살면서 얻고, 그리고 다시 잃는다. 그러나 노년기의 이 상실 경험은 훨씬 더 빠른 속도와 더 많은 분량으로 다가온다. 건강을 잃고 위로해줄 친구를 잃고 권위를 잃고 그리고 가족의 존경도 잃는다. 노인들은 만성적인 질병에 시달리게 되고 젊은 사람들보다 고통의 크기나 병의 깊이가 깊어진다. 시각 · 청각 · 미각 · 촉각, 어느것 하나 성치 않아, 구별하고 향유하기란 할 수 없는 사치가 된다. 은퇴도 하고, 자녀들도 품을 떠난다. 많은 것을 잃는다. 그러나 가장 혹독한 상실 경험은 일생을 함께 한 친구나 배우자를 잃는 일일 것이다. 말을 건넬 대상이 없다. 한밤이면 베개를 끌어안고 기댈 어깨도 없다. 그저 전기장판이 몸을 데워주고 그게 전부가 된다. 상실은 피할 수 없는 내용이다. 상실이 특히나 어려운 것은 우리가 생의 대부분을, 지금은 사라진 것들을 얻어만 보았을 뿐 한 번도 잃어본 적이 없기 때문이다. 그리고 그것들을 회복할 가능성이 거의 없다. 게다가 우리에게 남은 시간은 이런 것들을 다른 것들로 대신하기에는 너무나 짧다.

상실은 존재를 갉아먹는다. 다른 대상을 잃은 것도 슬프지만 종국적으로 자신을 잃어가는 것이 가장 슬프다. 배우자와 친구들은 우리의 일부이기 때문이다. 그들을 잃었을 때 우리 일부가 잘라져 나가는 것 같다. 내 일부가 없어져 버린 것 같다.

配所輓妻喪 배소만처상
那將月老訟冥司 나장월로송명사
來世夫妻易地爲 내세부처역지위
我死君生千里外 아사군생천리외
使君知我此心悲 사군지아차심비

유배지에서 아내의 상을 애도하며….
월하노인에게 어찌 하소연하여
내세엔 우리 둘 처지가 바뀌려나
나 죽고 그대 천리밖에 살아남아
그대가 이 슬픔을 알게 하고 싶구나….
– 추사 김정희

상실의 아픔과 고통에 대해 말하지만, 상실이 인간의 모든 발달 단계에서와 마찬가지로 노년기에 중요한 부분이라는 것도 알고 있다. 인생의 어느 한 지점에서 우리는 미해결과제를 만나게 된다. 상실을 가슴에 얹은 채 과거에 매달릴 때 인생은 침울해진다.

우리에게는 상실 경험을 통해 겪게 되는 변화 과정 동안 우리를 인도해줄 영적 자원이 필요하다. 고통 속에서 새롭게 일어날 수 있는 도움이 절실하다. 성서는 우리가 신앙 속에서 상실을 어떻게 극복해야 하는가를 역사적 순간을 통해 말하고 있다.

이스라엘 역사에서 이스라엘 백성의 미래가 죽음으로 남아 있을지 혹은 생명으로 갈지는 하나님의 축복에 달려 있었다. 이 축복은 하나님과의 새 언약을 통해 새로운 시작, 내부적이고 외부적인 갱생을 가능하게 한다. 출애굽, 땅, 성전이라는 옛 상징은 변하여 새로운 의미를 가져야만 했다. 새 언약과 새 관계는 새로운 의미를 창출한다. 그것을 넘어 하나님은 새로운 정체성과 사랑의 관계를 구축하셨다. 새 정체성과 새로운 관계로 바야흐로 눈앞에 새 하늘과 새 땅이 펼쳐지고 새 세상이 갑작스럽게 열리는 것인가? 이러한 관계 구축과 새로운 관계는 대안적인 것이었다. 실제 이스라엘은 이전의 번성하고 축복받은 예루살렘을 돌려받고 회복된 성전을 되돌려받지는 못했다. 대신 이스라엘은 내부의 더 깊은 축복을 받았다.

우리와 하나님과의 새 관계, 새 약속도 그러하다. 이스라엘처럼 하나님의 영은 우리가 잃은 것을 우리 인생에서 새로운 것으로 대치하도록 하는 능력의 원천이 된다. 이런 대안적 약속은 일방적으로 하나님의 몫으로만 남아 있지 않다. 우리도 이스라엘과 마찬가지로 인생의 새로운 수준으로 가기 위해서는 과거의 것들을 내려놓아야 한다. 새 포도주는 새 부대에 담아야 한다. 노년기는 이전과는 완전히 다른 경험을 하는 시기이다. 나이를 먹는다는 것은 가치를 다시 매기는 것이다. 새로운 가치는 내부의 축복이다.

변화 속에서 능동적으로 대처한다는 것은 과거를 완전히 버리는 것이 아니다. 온고지신(溫故知新)이란 말이 있다. 즉 새로움을 위해서는 과거를 먼저 살펴야 한다. 우리가 익숙한 활동, 익숙한 계획들을 고집하면서 옛 것만을 반복할 때, 새로운 것을 찾을 수가 없게 된다. 늙어간다는 것을 거부하면 우리는 긍정적인 경험으로 방향을 돌리기 어려워진다.

이런 내적인 축복에 눈을 뜨게 되면 노화 과정에서 나타나는 상실을 좀 자연스러운 현상으로 받아들일 수 있게 된다. 난청으로 귀에는 거추장스런 보청기를 끼고 다녀야 하고, 50년 베테랑 운전수도 자가운전을 포기하고 지하철이나 택시로 이동하게 된다. 다시 들을 수 있다는 기쁨에 가슴이 설레고, 대중교통을 이용하며 졸기도 하고 상상에 빠져볼 수도 있다. 다른 이들에게 기쁨과 즐거움을 주고 그 속에서 만족을 느끼고, 미처 몰랐거나 사용하지 않았던 재능을 계발하게 될 수도 있다. 옛 친구를 잃었을 때 새 친구나 새로운 관심사를 찾을 힘이 생기기도 한다. 슬픔과 상실이 새 삶을 위한 원동력 역할을 하게 되는 셈이다. 예를 들어 힘과 기력이 떨어진다는 것을 인정하게 되면, 오랫동안 살면서 터득한 경험을 통해 다른 방법을 써서 젊어서보다 더 멋지게 일을 해낼 수 있다. 오른손잡이로 평생을 살다가 오른손에 문제가 생기면, 오른손을 못 쓴다는 속상함을 경험한 후에는 곧 왼손의 유능함을 발견하게 된다. 이러한 발견은 삶을 바라보는 시선을 전환할 때 인생에 더 유리해진다. 편안함과 행복감을 인간관계에 만족하거나 창조적인 영적 활동 차원에서 보게 되면 신체적인 면에서 약해지는 부분에 보다 잘 대처할 수 있다. 도리어 우리가 견뎌내야 할 훨씬 더 어려운 변화는 살면서 가져왔던 태도를 바꾸는 것이다. 이전의 태도가 지나치게 경쟁적이고 자신만만했었다면 변화를 경험할 때 변화에 대한 스트레스는 더 커진다. 분명한 것은 가치, 관심사, 활동의 변화를 이루지 못한 경우 노년기 동안 부적응이 커지고 불행하다고 느끼게 된다는 점이다.

상실은 슬퍼야 한다

상실은 슬퍼야 한다. 상실을 겪게 되면서 우리는 다양한 차원의 감정을 경험하고 다른 이들과 고통을 함께 나눌 수 있게 된다. 기도 속에 들어가 하나님을 부르며 하나님과 슬픔을 나누게 된다. 이 교감 속에서 하나님이 고통과 괴로움으로 분투하고 있는 우리 속사정을 알고 위로해주시기 때문이다. 상실을 경험할 때 분노와 죄책감이 동시에 올 수도 있다. 우리 곁을 떠난 사람들이 야속하기도 하고 우리가 밉기도 하다. 그 사람의 죽음이 의사들 때문인 것 같기도 하고, 이 사람을 데려가신 하나님이 분노의 타깃이 되기도 한다. 불같이 일어나던 분노가 시간이 지나면서 외로움이나 두려움으로 나타나기도 한다. 나 때문에 더 빨리 죽음이 찾아온 것 같고 이전에 더 잘해주지 못했던 장면들이 쓰나미처럼 몰려오며 잘못된 죄책감을 느끼기도 한다. '우리 잘못으로 이 벌을 받는구나.' 생각하며 가슴이 미어진다. 한 남성은 자신이 노인성 난청으로 잘 듣지 못하게 된 것은 젊어서 했던 잘못 때문인 것 같다며 질병을 자신의 과오로 해석했다. 60세가 넘어 지원한 회사에 떨어진 것도 자신의 기도가 부족했고 믿음이 적어서라고 말했다. 모두 잘못된 귀인(歸仁)이다. 그러나 수많은 기도문이 하나님을 두려워하며, 그 앞에 겸손하고 과거를 뉘우치며 현재의 하나님께 의지하겠다고 말하고 있다. 하나님은 우리의 두려움과 죄책을 감찰하신다. 그리고 우리에게 속삭이며 위로하신다.

> 주님은 나의 목자시니, 내게 부족함 없어라.
> 나를 푸른 풀밭에 누이시며 쉴 만한 물가로 인도하신다.
> 나에게 다시 새 힘을 주시고, 당신의 이름을 위하여 바른 길로
> 나를 인도하신다.
> 내가 비록 죽음의 그늘 골짜기로 다닐지라도, 주님께서 나와 함께
> 계시고, 주님의 막대기와 지팡이로 나를 보살펴주시니, 내게는
> 두려움이 없습니다.
> 주님께서는, 내 원수들이 보는 앞에서 내게 잔칫상을 차려주시고,
> 내 머리에 기름 부으시어 나를 귀한 손님으로 맞아주시니, 내 잔이
> 넘칩니다.
> 진실로 주님의 선하심과 인자하심이 내가 사는 날 동안
> 나를 따르리니, 나는 주님의 집으로 돌아가 영원히 그곳에서
> 살겠습니다. – 시편 23편

시편은 하나님이 우리를 받아주시며, 언제든 돌아갈 고향이며 자

궁이라는 믿음을 보여준다. 하나님의 힘은 한 공간이나 한 시간에 제약받지 않는다. 하나님은 끝없이 자비하고, 그 사랑은 무한하다. 하나님의 이러한 사랑을 기억하며 우리에게 남은 일은 하나님의 신실하심을 믿고 오시는 하나님을 고대하며 기다리는 것이다.

상실 경험을 할 때 솔직하게 슬픔을 아뢰는 기도를 하면서 우리는 믿음과 치유를 경험한다. 노인들은 상실을 가장 잘 알고 상실의 다양한 내용도 알고 있다. 많은 친구를 잃어보았고, 가족을 잃어보았다. 노인들의 이런 상실 경험은 상실을 경험하면서 한 줄기 희망을 찾고 있는 모든 연령층의 사람들에게 희망이 된다. 노인들의 경험은 마음의 아픔에 신음하는 이들을 위로하고 감싼다. 이들의 경험과 위로는 사역이고, 섬김이 된다. 일상 속에서 경험하는 상실은 한두 가지 주제가 아니다. 절친이 전학을 간 어린아이들, 실연의 아픔을 겪는 청소년, 갑작스런 실직에 가족 부양 문제를 고민하는 젊은 가장, 빈 둥지 증후군(empty nest syndrome: 자녀들의 출가 후 양육의 빈 자리를 힘들어하며 겪게 되는 정서 경험)으로 빈 자궁을 아파하는 여성 등. 슬픔은 아주 복잡한 감정이다. 크고 거대한 슬픔이 아니라도 인생은 늘 상실경험을 하고, 작고 큰 상실 앞에 우리는 무릎을 꿇는다. 살면서 질병에 걸리기도 하고, 연인과 결별도 겪는다. 우정이 깨지고, 명예퇴직 후 시작한 사업에 실패하고, 동지에게 배신당하고, 아내가 이혼을 제안하는 경험을 한다. 상실의 경험 순간에는 출구가 보이지 않는다. 이때 어둠의 골짜기를 이미 걸어보았던 노인들은 같은 길을 이제 걸으며 출구를 찾고 있는 이들에게 따뜻한 길잡이가 될 수 있다. 상실감 가운데에도 신앙의 끈을 놓지 않는 법을 아는 사람들이 바로 노인들이다.

이들은 숱한 위기 속에 하나님이 어떻게 역사하는지, 갈 길을 잃었을 때 하나님이 어떤 모양으로 빛을 비추었는지 잘 알기에 노인들은 하나님의 자비하심이 실상 매일 아침 새롭게 다가오는 것임을 보여주는 산 증인들이다.

영원히 잊히지 않는…

가수 여행스케치는 서정적인 노랫말과 순수한 음색으로 1990년대 사람들을 매료시켰다. 이들의 노래 중 〈영원히 잊혀지지 않는〉이라는 곡의 노랫말을 들어보자.

> 잊혀지면 그만인 것을… 알면서도 어쩔 수 없어…
>
> 세월가면 잊혀지려나… 하지만 그건 쉽지 않을 텐데…

상실은 그저 잃는 것으로 한정되지 않는다. 잃어버리는 것보다 더 혹독한 것은 잊히는 것이다. 가족들과 친구들의 기억에서 '나'라는 존재가 있었다는 것이 까맣게 잊힌다고 생각해보라. 또한 하나님의 기억에서 지워진다고 생각해보라. 사람들에게 잊히는 것도 두렵지만 정작 두려운 것은 하나님께 잊히는 것이다. 존재의 근원이 존재를 놓아버린다면, 존재는 없다. 하나님이 여러분을 잊는다면 여러분은 존재할 수가 없었을 것이다. 고대 히브리인들의 이런 생각은 우리도 마찬가지로 가지고 있다. 변화라는 것은 소중한 경험들을 앗아가며 점차 사장시킨다는 것을 의미한다. 노화는 잠깐 있다 사라지는 것들을 경험하는 것이고 따라서 우리는 이 덧없음을 상실이라고 생각하게 된다. 늙은이가 되지 않더라도 사람은 나이가 몇이건 시간이 경과하면서 우리가 이룬 것들을 잃고 관계도 위협받게 된다. 이런 상실과 위협은 곧 근심과 두려움이 된다. '이 세상에서 내게 영원한 것이 있는가'라는 종교적 질문은 모두의 질문이기도 하다.

하나님이 그 눈을 가리고 있는 게 아닐까 싶은 현장도 있다. 점점 늘어가는 치매 환자들을 보면서 그가 하나님을 잊은 것이 아니라 도리어 하나님이 그를 잊은 것이 아닐까 생각하게 된다. 치매는 흔히 자신을 잃어버리는 병이라고 한다. 그러나 잃어버리는 주체가 본인일지 참 의문이다.

하루에도 수없이 보따리를 싸고
나가려고 한다

자꾸만 잊어버렸다고 찾는다

노상 배고프다며
밥 달라고 하신다

당신 물건 훔쳐갔다며
사람을 의심한다

깨끗하게 치운다며
싼 변을 여러 곳에 묻힌다

거짓말을 하면서
그것이 거짓말인지 모른다

본능과 투정만 남아 있는
세 살배기 어른 아이 – 노금선, 〈치매〉

포로기를 겪으며 고통 속에서 해방과 메시아를 꿈꾸었던 이스라엘은 기다림이 길어지자 하나님이 이스라엘을 영원히 버리셨다고 생각한다. 그러나 이사야 선지자는 이러한 희망 포기를 부인한다. 하나님은 우리를 잊지 않으시며 상실 속에 우리를 방치하지 않는다고 말씀하신다. 모든 것을 잃은 노예들의 고통은 영원한 고통이 아니며 잊지 않으시는 하나님의 약속을 위로로 선포한다.

오직 시온이 이르기를 여호와께서 나를 버리시며
주께서 나를 잊으셨다 하였거니와
여인이 어찌 그 젖 먹는 자식을 잊겠으며
자기 태에서 난 아들을 긍휼히 여기지 않겠느냐

그들은 혹시 잊을지라도

나는 너를 잊지 아니할 것이다 - 사 49:14-15

하나님은 응답하는 분이시다. 나이가 들어가고 가치를 잃어가고 잊고 잊히는 과정에 인간에게 응답하신다. 그런 의미에서 노년기에 만나는 상실은 하나님 앞에서 응답을 기다리며 우리의 가치와 의미를 스스로 지켜나가는 것 아니겠는가? 지혜의 하나님은 우리의 행동과 우리의 믿음을 보신다. 지금껏 우리의 가치와 희망이 하나님의 삶 속에 이루어졌다. 유한한 우리가 하나님의 영원을 탐하는 것이 신앙인가? 아니다. 우리에게 중요한 것은 영원하신 하나님과의 관계이고, 하나님이 우리에게 주시는 날마다 새로워지는 가치이다. 시간 속에서 하나님과 우리의 관계는 더욱 풍성해지고 의미 충만해진다. 과정 속에 역사하는 하나님을 노인의 눈으로 목도하게 된다. 하나님은 우리의 늙은 현재를 보시고, 우리의 과거의 청춘도 끌어안으신다. 모든 시간의 과정 속에 하나님은 역사하고 운행하신다. 모든 것을 알고 품으시는 하나님은 유한한 인간의 풀리지 않는 숙제인 상처, 고통, 상실, 패배 앞에 서 계시다. 하나님은 이 세상을 있는 그대로 경험하고 계신다.

노인은 통찰의 눈을 가진다. 알 수 없기에 더 무기력해질 수밖에 없는 절망의 순간에 하나님이 어떤 조화로운 사랑으로 그 빈 곳을 채우는가를 인생 역사를 통해 보아왔다. 하나님은 절망의 자리에 희망을 불어넣는다. 하나님이 주시는 인간의 가능성은 사람의 짧은 안목과 시간 속에서는 드러날 수 없다. 올랐던 산에서 내려와 먼 곳에서 볼 때 산은 그 모양을 드러내고 감동이 된다. 과거는 현재의 한계를 넘어서는 하나님의 지혜 속에 그대로 남아 있고, 다시 변형되어 인간에게 통찰과 지혜로 수혜된다. 과거는 다시 창조되어 새로운 가치로 노인의 가슴 속에 재구성된다. 겨울에 만나는 은총이다.

짧은 시간 속에서 긴 영겁을 볼 수 없다. 하나님의 영원성 앞에 유한한 우리는 그의 큰 계획을 기다려야 한다. 하나님과 자신을 일치시키는 순간 과거가 현재가 되는 순간이 영원으로 변화한다. 곧 과거의 사건은 현재의 행동 속에서 영원한 행동으로 이어진다. 그 변화의 한가운데 하나님이 계신다. 과거를 기억하고, 현재의 행동을 살피며 하나님의 손길을 경험하는 순간, 그것이 바로 통합성이며, 그 통합성의 자리가 바라 천국이다.

수치스럽던 과거나 보잘것없는 인생의 순간들 역시 과거의 일부이다. 과거는 잊히지 않고 현재 속에 재생산되고 재해석된다. 우리를 잊지 않으시는 하나님의 약속을 기억할 때, 수치나 하찮은 과거의 순간들은 평안의 씨앗이 된다. 여기에 바로 노인들의 희망이 있다. 지혜의 담지자인 하나님과 지혜의 실천자인 노인은 이제 시간의 원천이신 하나님 앞에 화해하게 된다.

노인은 노년기 상실을 다루면서 다윗의 노래를 부르게 된다. 상실의 순간에 하나님의 자비하심을 믿고, 하나님이 영원하시며 우리를 결코 잊지 않으신다는 점에 의지하게 된다. 다윗이 쫓겨 굴 속에서 부른 노래이다.

내가 만민 중에

오 주께 감사하며
주님을 찬양하리
열방 중에서

주의 인자는 커서
커서 하늘에 미치고
주의 진리를 넓은 궁창에 이르나니

하늘 위에 주는 높이 들이며
주의 영광은 온 세계 위에

하늘 위에 주는 높이 들리며
주의 영광은 온 세계 위에

죽음과 죽어가는 것

상실 중 가장 큰 고통은 죽음이다. 젊은 사람들이 생각하는 것과 달리 노인들은 죽음 자체를 두려워하는 경우가 많지 않다. 노인이 죽음이 두려워 벌벌 떨고 있다고 생각한다면 그건 오해일 것이다. 노인들이 두려워하는 것은 죽음 자체라기보다는 죽음이 오기 전에 겪는 일들이다. 질병과 통증, 신체 부자유, 의식혼미, 그리고 치매. 이런 것은 죽음이라기보다는 죽어가는 것을 말한다.

죽음은 생을 마치는 '순간'이나, 죽어가는 과정은 여정이 채 끝나지 않은 상태이고 언제 끝날 것이라는 보장도 없는 과정이다. 의존해야 하고, 의지에 따라 선택할 수 없고, 고통이 밀려오는 과정에 있는 동안 도리어 죽음은 하나의 '희망'이 될 수 있다. 고통 앞에 자유로울 수 있는 유기체는 없다.

엘리자베스 퀴블러-로스는 죽어가는 암말기 환자들을 대상으로 죽음 수용 과정을 연구했다. 장기간 베스트셀러였던 《인생수업》이 그것이다. 이 책은 죽음에 대한 태도가 삶의 질에 영향을 미친다는 것을 보여주면서 죽음에 대한 인식의 전환을 시도하고 있다. 대개 노년기에 사별을 경험하거나 가족, 친구를 잃는다는 것은 다양한 질병으로 인해 노쇠해진 노인들에게 있어 힘든 고비가 될 수 있다. 엘리자베스 퀴블러-로스는 500명의 불치병 환자를 대상으로 실시한 심층적 인터뷰를 통해서, 죽음에 직면한 사람들이 5단계의 정서적 반응을 보인다는 것을 밝혀주었다. 첫 번째 단계는 부정과 고립(denial and isolation)이다. "나에게 이러한 일이 일어날 수 없어, 난 믿을 수 없어."등의 표현이 나타난다. 환자는 자신이 죽어야 한다는 사실을 부정하고, 잘못된 진단이라고 생각해버린다. 이러한 반응은 죽음의 충격에 대해 일시적으로 나타나는 반응이다. 두 번째 단계는 분노(anger)이다. 죽음을 부분적으로 수용하면서, 왜 하필 지금 자기 자신에게 이러한 일이 일어나게 되었는지에 대해 분노를 표현하는 단계이다. 이러한 분노는 자기 자신이나 가족, 병원 직원, 신에게까지 나타날 수 있으며 누구에게나 어디에서나 쉽게 분노를 터뜨리게 되어 주변 사람들을 힘들게 하는 시기이다. 세 번째 단계는 타협(bargaining)이다. 타협은 의료진, 운명, 혹은 신과 기한이 정해진 약속을 하여 불가피한 죽음을 조금이라도 연기하려는 시도로, 이 단계는 짧지만 환자가 다른 사람에 대해 가장 개방적 · 협조적이다. 이 시기에는 이성적인 의사소통이 가능하기 때문에 이 기회에 신변을 정리하고 미해결의 문제를 처리하도록 원조하는 것이 필요하다. 네 번째, 우울(depression)이다. 환자가 자신의 병을 더 부인하지 못하게 되고 증상이 더 악화

되어 쇠약해지면 극도의 상실감을 겪게 되면서 심한 우울 상태에 빠지게 된다. 이러한 상태에 있는 환자에게 슬퍼하지 말라고 격려하는 것은 금물이다. 중요한 것은 주위 사람이 되도록 환자의 곁을 떠나지 않고 옆에 앉아서 손을 잡아준다든지 하면서 슬픔을 함께 나누는 것이다. 마지막은 수용(acceptance)이다. 이 시기의 환자들은 대개 지치고 쇠약해지며 감정의 공백기를 갖게 된다. 환자는 자신의 피할 수 없는 죽음이라고 하는 운명을 평온하게 받아들이게 된다. 이것은 절망으로부터 오는 체념과는 다른 것으로 해야 할 일을 마쳤을 때 느끼는 휴식의 시간이라고 할 수 있다. 환자는 주위에 무관심하게 되며, 환자보다는 그들의 가족이 좀 더 많은 원조를 필요로 하는 시기라고 할 수 있다. 물론 이런 심리적 단계는 꼭 순차적으로 나타나는 것은 아니며, 모든 사람들이 모든 단계의 반응을 다 보이는 것도 아니다. 죽음에 대한 반응이 환자의 병의 종류, 성, 성격, 문화와 생활환경 등 개인에 따라 다를 수 있다고 주장하면서, 죽음의 과정에 보편적인 단계나 양식이 존재하는 것은 아니라고 하였다.

이후 천주교 사제인 알폰스 데켄 신부는 엘리자베스 퀴블러-로스의 5단계에 하나를 추가하였다. '기대와 희망의 단계'이다. 즉 죽음을 끝의 개념으로 보지 않고 시작, 혹은 연장의 개념으로 보는 것이다. 이시기 종교는 기대와 희망에 긍정적인 역할을 한다.

죽음과 죽어간다는 것은 둘 다 어느 연령층에서나 일어난다. 그러나 죽음이 긴 인생의 끝이 된다고 할 때 누구나 죽어가는 과정을 경험하는 셈이다. 그러나 죽어가는 과정, 그 내리막길은 금방 끝나는 것도 아니며 극복할 수도 없는 길이다. 분명한 것은 유한자인 우리에게 그 과정이 불가피한 것이라는 점이다. 그리고 그 현실 앞에 인간은 혼란스럽다.

> 아버지가 장례식에서 돌아왔다.
> 일곱 살 난 그의 아들이 눈을 커다랗게 뜨고 목에 부적을 걸고
> 나이에 걸맞지 않은 수심에 찬 표정을 짓고 있었다.
> 아버지가 그를 끌어안자 소년이 아버지에게 물었다.
> "엄마는 어디에 있어요?"
> "천국에." 하늘을 가리키며 아이의 아버지가 대답했다.
> 소년은 고개를 들고 말없이 하늘을 쳐다보았다.
> 혼돈에 빠진 소년은 밤하늘을 바라보며 물었다.
> "천국은 어디에 있어요?" - 타고르, 《탈주자》 2부 21절

새로운 경험을 한다는 것은 과거를 끌어안고 새 삶으로 들어간다는 것을 의미한다. 그리고 크리스천들은 그리스도와 연합하고 그를 삶에 새기며 날마다 새로워진다. 이는 신학적으로는 날마다 새 영과 새 마음이 약속된 미래에 참여하는 것이다. 나이를 먹어간다는 것은 언제나 사실이고 현실이다. 그러나 크리스천들에게는 노화라는 죽어가는 과정이 신앙 속에서 예수님의 부활을 통해 죽음을 부정하는 힘을 갖게 된다. 감퇴와 축소의 과정에서 벗어나 전적으로 새로운 가능성의 역사를 쓰게 된다. 이것은 우리가 그리스도와 하나가 될 때 갖게 되는 희망이다. 그리스도와 제자들은 하나가 되었기에 그리스도는 그들과 더불어 죽음 너머의 영광을 함께하셨다. 노인들은 이

의례를 알고 있고 준비한다. 89세에 전시회를 마친 신학자 유동식 교수가 교회 귀퉁이에서 내게 하신 말씀이다.

> 자신감이 떨어지는 거, 그렇다면 지금 말하고 있는 게 바로 늙어가는 과정이야. 말년에 대한 생각이 바뀌는 거, 그 생각이라는 것은 아주 새로운 존재를 준비하는 건데, 그게 노인들이 할 일이야. 그게 바로 생의 마지막 단계에 할 일이거든. 그런데 그걸 알기에는 나도 아직 젊단 말이지.

죽어가는 과정을 소멸이라고 할 때 소멸이라는 힘에 아무리 저항을 해봐도 이미 승부는 정해져 있다. 그때, 바로 그 순간에 크리스천은 우리의 무모한 저항을 선한 방향으로 바꾸는 능력을 배워왔다. 생의 마지막 단계에서 유익할 것이 없는 상실과 우리 존재의 가장 깊은 곳에 영향을 미치는 나약함을 경험하고 이를 고백한다. 그러나 하나님의 길은 나약함의 길이다. 헨리 나우웬은 하나님의 길은 나약함의 길이며, 하나님의 이런 상처받기 쉬운 특성이 그리스도를 믿는 모든 이에게는 희망이고 궁극적 열매가 된다고 하였다. 기독교의 역설이 무엇인가? 칼 바르트의 말처럼 "높이에서 깊이로, 승리에서 패배로, 삶에서 죽음으로" 향하는 여정이었다. 그 내려가는 길 위에서 하나님은 당신의 영광을 드러내신다.

이제 노인들은 죽음을 하나님과의 교제 활동으로 알게 해달라고 기도해야 한다. 사랑을 표현하기 위해, 하나님과 하나 되기 위해, 예수님은 일부러 죽음을 택했다. 그리고 그 죽음은 부활을 예견한다.

강인함과 확신의 자리에 약함과 불확실을 담고, 위엄과 권위의 자리에 작아지는 모습을 채워라. 이런 변화는 사랑하는 자의 변화이다. 자리를 내어줄 때 창조적 변화가 가능하다. 우리는 삶의 자리를 내어 나를 잃음으로써 하나님께로 가는 여행에 참여하게 된다.

나이가 들면 몸이 말을 듣지 않게 된다. 빠르게 달릴 수도, 심지어는 맵시 나게 걸을 수도 없게 된다. 몸이 부자유스러워지면서 우리는 삶의 분기점에 서게 된다. "하루가 달라요. 작년만 해도 걸을 수는 있었는데, 이제는 더 이상 걸을 수도 없게 되었어요. 앞으로는 어떻게 될까요?" 장애를 경험하는 80대 여성의 고백이다. 우리는 누구나 늙을 것이라는 것을 알지만, 자신의 노화를 상상하지 못한다. 많은 시간이 걸릴 것이라고 생각하고, 먼 이야기라고 믿는다. 점점 고집이 세지고, 걸음이 더뎌지고, 사소한 일에 화를 내고 있는 자신을 발견하기까지 시간이 그리 오래 걸리지는 않는다. 침착하고 객관적인 것은 기억이 되었고, 문제를 야기시키고 소동을 일으키고 있는 현실만 남게 된다. 친밀감도 있고 헌신도 있지만 더 이상 열정의 불꽃은 피지 않는다.

삶이 의미를 찾기 시작하면 그때는 이미 몸에 힘이 빠지기 시작하는 시기일 것이다. 이제 나의 의미를, 인생의 황금 연못을 찾아보고자 할 때에는 이미 혼자 거리를 다닐 수 없는 시기에 도달한 다음이다. 잔혹한 현실이다.

그러나 이것이야말로 젊은 몸 중심의 생각이다. 우리는 몸으로만 이루어지지 않았다. 몸과 영이 함께 있으며 이 둘은 서로 분리되지 않는다. 다른 말로 하자면 우리는 몸이 함께 하는 영이며, 영적인 몸을 가진다. 영혼 때문에 우리가 몸으로 살고 몸을 사랑하고 몸을 생각할 수 있듯이, 또한 몸 때문에 영혼은 풍성해지고 에너지를 얻는다. 인간의 발달은 몸의 발달과 쇠퇴에 한정되지 않는다. 나이가 들수록 풍성해지는 지혜, 진리를 찾아내는 능력은 실상 몸의 지배가 영의 지배에 자리를 내어주는 과정이라 할 것이다. 몸의 쇠약을 통해 우리는 하나님과의 더 깊은 교제를 경험한다.

우리의 기억은 정신 영역에 한정되지 않는다. 그 기억의 환경에는 늘 몸이 중심이었다. 노인의 지혜와 통찰은 과거의 몸의 기억들의 집약체이다. 과거가 피운 꽃이다. 물이 변하여 수증기가 되는 과정은 노년기의 죽음과 상실이 대지를 적시는 힘이 된다는 것을 보여준다. 주전자에 물을 끓일 때 찬물이 화로의 뜨거운 열기와 더불어 끓기 시작한다. 뜨거운 물은 끓고 끓어 수증기로 변화한다. 수증기는 물이 아니다. 전혀 다른 속성을 가지고 대기로 퍼져나가 방을 적시고 우주로 흘러나가 우주의 일부가 되어 우주를 존속시킨다. 물방울이 보이지 않는다고 그 존재가 없어지고 의미가 사라지는 것이 아니다. 오직 그 상태가 변하고 속성이 변하면서 한계를 넘어서 새로운 빅뱅을 시작하는 것이다. 오디세우스는 문턱을 넘는 경험을 통해 영웅으로 돌아온다. 몸은 문턱을 넘는 경험을 통해 강인한 영혼으로 속성을 바꾼다.

몸 없이 영혼은 존재하지 않는다. 시들어가는 몸 속에서 우리는 하나님을 발견한다. 마치 수증기처럼 우리는 세상 속에 들어가게 되며, 세상도 우리 속에 들어올 수 있게 된다. 속성을 달리할 때 다른 모든 것들과 연결되고 더불어 풍성해진다. 물은 다시 몸이 되고 만물이 된다. 이런 모습으로 우리가 씨름하고 있는 문제와 우리가 관계를 맺고 있는 사람들은 우리와 함께 영혼을 나누는 서로의 일부가 된다. 죽음은 하나님의 연합의 신비 앞에 영원성을 갖게 된다. 죽음은 부활이고 곧 역설된다.

죽음 속의 희망

소멸은 두려움이다. 두려움 속에서 의미를 찾기란 거의 불가능하다. 몸의 소멸 역시 두려움이다. 죽음 앞에 당당할 수 있는 사람은 없다. 그리고 죽어가는 과정은 고통스럽다. 우리나라 노인들은 많은 수가 '자다가 자기도 모르게 죽기'를 바란다. 죽어가는 고통을 피하고 싶은 마음뿐이다. 뇌는 쪼그라들어 더 이상 기억할 수 없고, 둔한 팔다리로는 걸어 다닐 수 없다. 다른 사람들이 내 생식기를 닦으며 대소변을 받아내는 장면을 하루에도 몇 번씩 보아야 한다. 이 과정을 해석할 가치나 있는가? 대답할 수 없는 이런 질문을 따라가다 보면 노년기에 오는 심각한 만성 질병들과 스트레스로 우울증이 오고 감정은 점차 피폐해진다. 자기 안으로 생각이 수렴되고 내 생각하기에도 시간이 부족할 정도인데, 다른 사람들을 본다는 것은 상상할 수도 없다. 점차 나를 사랑하는 다른 이들과의 관계도 소원해진다.

신앙생활도 황폐해진다. 같은 나이에 교회 근처에도 안 가본 친구는 아직도 외도를 하며 건강하게 지내는데 혼자 부엌 냉장고의 문을 열고 물 한 잔 마실 수 없는 자신을 보며 하나님에게 화도 나고 하나님이 멀리서 자신들을 잊은 것 같다는 생각이 든다. 하나님과의 관계는 친구나 가족과의 관계만큼이나 어려운 일이 된다.

그리스도는 '기름부음을 받은 자'라는 뜻이다. 제사장을 의미하며, 동시에 치유자이기도 하다. 그 옛날 이스라엘에서는 질병치유를 위해 제사장이 환자들에게 기름을 바르기도 했다. 현대 의학은 이제 기름만 발라서 나을 수 있는 병은 버짐 정도라는 것을 잘 안다. 예수님 당시 사람들도 물론 알고 있었다. 기름을 바른다고 모든 것이 해결되지는 않는다는 것을 말이다. 기름은 위로이고 희망이다. 병이 나을 수 있다는 위로이고, 병이 나을 것이라는 희망이다. 가톨릭에서는 아직도 기름을 바르는 의식을 '도유식'이라 하여 하나의 의례로 치르고 있다.

도유식이라고 부르는 이 기름을 바르는 의식은 기름을 사람 또는 물건에 발라 그것들이 신성한 것과 새로운 관계를 맺었음을 상징하는 의식이다. 비단 가톨릭뿐 아니라 대부분의 종교에서 보편적으로 볼 수 있다. 도유하는 방식과 그 재질 등은 종교나 의식에 따라 여러 가지가 있다. 육체적 · 정신적 질환에 대한 쾌유를 빌고 도유된 것을 신성한 것으로 보아 일상생활에서는 사용하지 않고, 신이나 신적인 경우에 한해서만 성스럽게 사용하는 물건으로 구별하기도 한다. 사람의 경우, 특별한 자격 · 지위 · 신분 · 능력 등이 주어지는 특별한 서계(敍階) 또는 서임(敍任)을 위하여 도유한다. 많은 종교에서 사제가 되는 성직자는 도유에 의하여 서임되며, 유대교에서는 사제직 또는 왕위에 오를 때 기름을 부어 그 성성(聖性)과 신의 은총을 상징하였다. 메시아도 그러하다.

기름을 바른다는 것은 새로운 관계로의 진입, 신성한 것으로 구별되는 것을 의미한다. 오늘날 우리는 기름부음의 본래의 의미를, 죽음이 임박하지 않더라도 질병의 신비와 인간의 나약함 앞에 서있는 사람들에게 그리스도의 힘과 크리스천 공동체의 힘과 평안을 주는 의식으로 다시 생각해야 할 것이다. 기름을 바르는 상징적인 의식은 그 자체의 화학적 치유효과보다는 질병을 앓고 있는 우리에게 우리가 사랑받고 있으며 하나님이 우리를 용서하고 계시고 하나님이 우리의 몸을 낫게 해주실 것이라는 심리적 치유를 생각해야 한다. 이렇듯 이 의식은 표면적으로는 육체적 치유를, 그리고 이면적으로는 영적인 치유를 제공한다. 기름을 바르는 것으로 고통은 생명으로 그 의미가 변한다. 질병이나 죽음이 우리의 끝이 아니다. 질병이나 죽음에 압도될 필요가 없다. 도리어 그것으로 우리는 살게 된다.

죽어간다는 의미는 공동체와 개인의 관계의 변화를 말한다. 레위기는 이스라엘인들이 전염병을 우려하여 각종 피부병과 한센병을 가진 자들을 공동체에서 구분하고 있다(레 13). 이들은 '부정한 자'이다. 그리고 새 살이 돋고 희어지면 제사장에게 가 나았다는 것을 확인받은 후 '정결한 자'로 선언된다. 공동체에서 격리되면 부정한 자요, 수용되면 정결한 자이다. 기름부음 의식은 크리스천 공동체가 질병이나 노화를 지지해준다는 것을 보여준다. 공동체는 기름을 붓는 의식을 통해 고통받는 이를 홀로 두지 않고, 공동체의 일원임을 확인시켜주어 공동체의 돌봄을 보여준다. 기름부음은 신체적 상징이자 영적인 수용이며, '정결한 자'가 되게 한다.

이런 기름부음의 장면은 성만찬에서 재현된다. 과거에는 성찬의식이 아주 일부 차원에서 이루어졌지만, 오늘날은 공동의 의식이 되었다. 성만찬을 통하여 세례를 재경험하고 그리스도와의 연합을 재확인하게 된다. 기름부음보다 더 넓은 차원에서 이루어지는 성만찬의 의례와 의미는 교회 공동체가 병자를 돕고, 심방하며, 신체적인 필요에 따라 실제적인 도움을 주고 그와 더불어 기도하고 함께 성서를 나누는 모든 차원을 포함한다.

만성질환을 앓고 있는 사람들과 나이가 들어가는 사람들은 상황 앞에 자주 무릎을 꿇는다. "방법이 없다", "어쩌겠는가?", "가는 세월을 막을 수 없고, 더 이상의 의료적 기술이 없는데 무엇을 할 수 있겠는가?" 그러나 크리스천들에게 포기나 절망은 어색한 일이다. 기름부음과 성만찬을 통해 고통이 곧 그리스도의 죽음과 부활의 신비에 참여하는 것임을 알게 된다. 질병 때문에 하나님에게서 멀어지는 것이 아니라 하나님께 더 가까이 다가가게 된다.

기름을 바르고 성례에 참여하는 것은 믿음 행위이다. 기름을 바른다고 암이 낫겠는가, 빵과 포도주를 먹으면 당장에 그것이 그리스도의 살과 피를 먹는 것인가? 믿기 어렵고 희망을 갖기 가장 어려운 그 시점에 우리는 예수님의 죽음과 부활의 의미를 되새기게 된다. 위기의 순간에 예수님의 죽음과 부활이 사실 인간 존재의 중요한 요소라는 것을 크리스천 공동체에 속한 다른 이들과 더불어 경험하게 된다. 기름부음과 성만찬의 핵심은 그 사람을 총체적으로 강하게 하고 치유하는 것이다. 이는 병과 고립이 우리는 나약하게 만들기 때문이다.

기름부음 의식은 우리 존재의 모든 차원에서 이루어진다. 단지 기름을 붓는 물리적인 행위만이 아니라 말, 노래, 보는 것, 듣는 것, 냄새, 터치 등 다양한 방식으로 우리는 기름을 붓게 된다. 이 또한 과거 신앙의 유산이 피운 현재의 꽃이다.

죽음의 기대와 희망: 메멘토 모리

일본의 소피아대학교 교수인 알폰스 덴켄은 죽음 철학자로 알려져 있다. 그는《행복한 죽음》에서 신앙인이 어떻게 죽음의 순간을 경험하는지 면밀히 관찰한 후에 놀라운 사실을 발견하게 된다. 이들은 죽음을 수동적으로만 인식하는 것이 아니라 천국에 대한 소망과 기대감을 가지고 죽음을 당당히 받아들이고 있었다. 소풍을 떠나는 전날의 기대처럼 말이다.

우리나라에도 최근 죽음준비교육 열풍이 불고 있다. 교육이 끝이 없는 모양이다. 죽는 것까지 교육을 받아야 하니 말이다. 죽음준비교육이란 죽음이나 죽음의 과정, 사별 등과 관련된 모든 측면에서의 교육을 말한다. 죽음준비 프로그램이 실제 사망과 얼마나 차이가 있을지는 죽어본 사람이 아니고는 모를 것이다. 다만 모든 이들을 대상으로 하는 이 교육은 단순히 죽음에만 의미를 두지 않는다. 오히려 우리 자신과 우리의 사람, 우리가 더불어 살아가고 있는 이 세상에 관한 우리의 정서와 연결되어 있다. 특히 슬픔을 거부하거나 회피하지 않고 창조적으로 재창조할 수 있도록 돕는 프로그램이다.

죽음준비교육에서 다루고 있는 주제들로는, 죽음에 대한 사회적 전망, 죽어가는 과정, 죽음에 대한 개인적 태도, 죽음, 비탄, 사별에 대한 종교적 · 문화적 견해, 장례 의식, 자살, 안락사, 의학 윤리, 법적 문제, 죽음에 대한 아동의 인식, 에이즈, 전쟁, 사형제도, 낙태 같은 죽음과 관련된 폭넓은 선택의 문제도 다룬다. 죽음준비교육을 통하여 죽음과 관련된 사항들에 대한 정보를 제공받고, 내세에 대한 믿음이나 죽음 자체의 의미 등에 대한 개인적인 가치가 증진될 수 있다. 여기에는 죽음에 대한 금기사항(taboo)들에 대한 이해도 포함된다.

그러나 실상 죽음에 대한 공포가 노인들을 장악하고 있는가? 그렇지 않다. 오히려 많은 노인들은 인생의 마지막 단계에 혼자 사는 경우가 많고, 이미 가족들도 오랫동안 노인의 죽음을 생각하고 예상하면서 노인이 사망하기 전에 미리 충격을 완화하는 과정을 거치는 경우가 많다. 노인들 스스로도 "죽으면 죽으리라"라며 오히려 죽음 앞에 담담해지는 것을 자주 본다. 일부 심리학자들은 노인들이 죽음을 두려워하지 않는 것이 방어적인 태도라는 말을 하기도 한다.

우리나라 노인의 경우 죽음에 대한 인식은 성별에 큰 차이가 없으며, 연령이 높을수록 죽음에 대해 더 긍정적이다. 또한 종교의 유무도 죽음 인식에서 큰 차이를 보이지 않았다. 건강할수록, 경제수준이 높을수록, 죽음에 대해 적극적이고 긍정적인 편이다.

죽음준비교육에서는 유서 쓰기, 사후세계 체험하기, 영상편지 남기기, 신체 본떠놓기, 영정사진 찍기, 매장 장소와 방법 확인하기 등등 이외에도 다양한 활동을 벌이고 있다. 이러한 과정이 노인들에게는 어떤 의미일까?

노인들을 대상으로 유서를 작성해보았다. 어떠했을까? 아주 긍정적이었다. 자녀들에 대한 관심의 정도, 사망 이후 재산처분, 미안한 사람들에 대한 사죄, 고마웠던 사람들에 대한 감사, 용서하고 용서받아야 하는 사람들, 매장의 방법과 장소, 남기고 싶은 물건과 말씀을 빼곡히 적었다. 쓰기를 마치고 돌아가면서 자신의 유서를 읽는 시간을 가졌다. 어떤 분들은 울고, 어떤 분들은 아무 느낌이 없고, 어떤 분들은 가슴이 아프다고 말씀하시기도 한다. 그러나 공통적인 것은 누가 고마운 사람이고, 누구를 더 사랑해야 하는지, 정말 해보고 싶었던 일은 무엇이고, 꼭 만나고 싶었던 사람은 누구였는지를 알게 되었다는 점이다. 이런 과정은 죽음을 전제할 때 사랑해야 할 사람들을 진심으로 사랑할 수 있게 한다는 것을 보여준다. 어떤 사람이건 죽음 앞에서는 숙연해지기 마련이다. 이제 얼마 남지 않은 시간들을 앞두고 게을러질 수 없다. 남은 시간들을 의미 있게 보내기 위하여 사회와 후손들을 위한 봉사와 기여도 증가한다.

'아리이 만'이라는 일본 사람이 엮은 일본 시집 《천의 바람이 되어》에 〈천(千)의 바람이 되어〉라는 작자 미상의 영시가 일본어로 번역되어 실려 있다. 미국이나 유럽에서는 조금씩 변형된 버전으로 널리 알려져 있으며, 영화감독 하워드 혹스의 장례식과 마릴린 먼로의 25주기, 2002년 미국 9 · 11 테러 1주년 추도모임 때도 낭독되었던 적이 있는 시(詩)다.

내 무덤 앞에서
울지 마세요

나는 그곳에 없습니다
잠들어 있지 않습니다

천의 바람,
천의 바람이 되어

저 넓은 하늘을
지나가고 있습니다

가을에는 빛이 되어
밭에 내리쬐고
겨울에는 다이아몬드처럼
반짝이는 눈이 됩니다

아침에는 새가 되어
당신의 잠을 깨웁니다
밤에는 별이 되어
당신을 지켜줍니다

내 무덤 앞에서

울지 마세요

나는 그곳에 없습니다
나는 죽지 않았어요

천의 바람,
천의 바람이 되어

저 넓은 하늘을
지나가고 있습니다

천의 바람,
천의 바람이 되어

저 넓은 하늘을
지나가고 있습니다

저 넓은 하늘을
지나가고 있습니다
– 작자미상, 〈천(千)의 바람이 되어〉

"삶을 원하거든 죽음을 준비하라"라고 한다. 또 "인간답게 죽는다는 것은 인간답게 사는 것이다"라는 말도 있다. 죽음을 기억하라는

'memento mori!'는 곧 죽을 자들을 위한 것이 아니다. 건강하고 행복한 현재와 의미 있는 미래를 위한 삶의 노래인 것이다.

죽음이 소멸이 아니라 존재의 형태가 변하는 것이라면 육체의 죽음은 삶의 마지막일 수 없다. 만일 죽음이 최종적인 실재라면 모든 것이 무의미하며 좌절과 허무에서 벗어날 수 없을 것이다. 죽음은 끝이 아니라 극복의 대상이다. 크리스천에게 죽음은 장생불사(長生不死)가 아니라 부활로 경험되기 때문이다.

8

부활

부활절이 올 때마다 "사람들이 정말 살아나는 것인가?"라는 질문을 받는다. 대답은 둘째치고 부활은 크리스천인 우리도 믿기 어려운 것이다. 인생을 지나면서 겨울 후에는 다시 봄이 오고 겨울을 거름삼아 봄이 그 꽃을 피운다는 것을 알고 있다. 노년기의 가장 큰 은총은 다시금 봄이 올 것이라는 믿음이다. 그런 의미에서 부활은 젊은이들보다는 노인들에게 보다 중요한 기독교의 본질이다. 자신이 죽을 운명이라는 것을 알고 죽음 이후의 삶에 대해 진중하게 생각하는 젊은이들은 많지 않기 때문이다. 갑작스런 암 선고를 받은 20대 청년에게는 죽음의 의미가 부활을 침범한다. 그러나 세상의 변화를 오랫동안 보고난 다음 죽음이 온다면, 그때의 죽음은 죽은 이후의 삶의 의미에 대해 생각해볼 계기를 제공하게 된다.

죽음은 한계 상황이고, 절체절명의 위기이다. 이 한계에 대해 문화마다 각기 다른 답을 가지고 있다. 그리고 종교도 그 답을 가지고 있다. 인간은 각자 원죄를 가지고 있고 원죄의 결과는 죽음이다. 죽음을 통해 죄가 드러난다. 죽음이 갖는 그 어두운 속성 때문에, 인간은 그 속에서 자유롭지 못하고 하나님에게 자신을 열고 온전히 맡겨야 한다. 자신의 처신을 행치 못하므로 하나님의 불가해한 결정 처분에 자신을 온전히, 또 조건 없이 열어놓고 내맡겨야 한다는 것이다. 이것이 죽음에 대한 인간의 올바른 태도라고 한다. 이대로라면 죽음은 삶의 단절이고, 의문투성이이고 위험스러우며 인간을 공포 속으로 휘모는 무시무시한 실제일 뿐이다. 기독교는 죽음을 넘어선 희망을 제시한다. 부활이다.

죽음을 넘어선 희망

누구나 미래가 궁금하다. 어떤 사람은 환상을 본다고 하고 어떤 사람은 예언을 한다고 한다. 미래에 대한 불안으로 점집으로 발걸음을 옮기는 이도 있다. 미래를 보는 구슬이 동화마다 등장하는 것도 인간의 욕망일 것이다. 특히 생의 막바지에 다다르게 되면 두려움 때문에 미래를 훔쳐보고 싶어진다. 이런 불안과 두려움의 상황에 하나님이 찾아오신다.

하나님과의 관계는 우리 인생 경험을 바꾸어놓는다. 우리의 존재의 근원이고 우리의 삶을 주장하는 하나님을 믿고 의지하다가 문득 배신감에 휩싸이게 된다. 우리는 하나님이 왜 노년에 고통과 상실을 경험하게 하시는가, 인간에게 너무 가혹하지 않은가. 현자(賢者)를 고통스럽게 하는 하나님에게 묻게 된다.

사실 부활은 영원불멸에서 그 이야기가 시작된다. 본래 이것은 플

라톤 철학에서 직접적으로 유래한 것으로, 인간의 육신 속에는 불멸하는 어떤 것, 죽음에 의해서도 소멸되지 않는 불멸의 영혼이 있다는 확신에서 시작되었다. 인간은 이 불멸하는 영혼으로 말미암아 영원한 신적 생명에 참여하며, 육신이 죽으면 이 불멸의 영혼은 물질의 사슬에서 해방되어 영원한 신의 생명의 나라로 귀환한다는 것이다. 이 플라톤의 생각이 기독교의 역사와 만나면서 영혼의 부활, 종말사건으로의 부활 등으로 확대재생산 되었다. 다시 말하면 영과 육이 분리되어, 죽으면 먼저 영혼이 하나님께 가고 나중에 재림 때 육신이 부활한다는 것, 그리고 오직 역사의 종말적 사건으로서의 부활만이 있다고 주장하는 것이다. 후자의 경우는 죽은 자들의 부활은 죽음 속에서 동시적 사건으로 발생하는 것이 아니라, 역사를 종결하는 하느님의 역사 안에 포함되는 것이다.

예수님의 부활은 그 본질을 보여주고 있다. 예수님을 살리신 하나님은 분명 놀라운 분이시고, 지속적으로 새롭고 예상치 못한 일들을 만드시는 분이다. 부활은 고통과 실패 가운데 선을 주시는 하나님, 죽음에서 생명으로 옮기시는 하나님을 드러낸다. 예수의 부활은 특별한 일이다. 죽음의 지배를 이기고 하나님의 영광을 드러내며 하나님의 신실하심으로 그분이 약속을 지켜 아들을 살리셨다. 부활은 하나님의 통치를 보여주고, 선의 승리를 보여준다. 죽음이 아니라 생명의 하나님이시다.

그런 하나님과의 교제를 통해 크리스천은 죽음 이후의 삶을 알고 그것을 믿는다. 부활은 한계 앞에 선 인간에게 주신 최고의 축복이다. 새 하늘과 새 땅에 대한 소망은 부활에 정점을 이른다. 하나님과 우리의 관계는 결혼식의 성혼문처럼 "죽음이 가르지 못한다." 하나님과의 교제 그리고 죽음 이후의 삶, 이 둘 간의 관계는 우리가 죽음으로 하나님께 우리를 맡기는 것이다. 죽음은 생명의 끝이 아니라 전환이고 맡김이다. 우리는 모두 그의 손아귀에 있다.

두 손을 치켜들고 더 많은 청을 드리고자
영겁의 시간을 거쳐 당신의 문 앞에 왔나이다.

당신은 주고 또 주셨나이다.
때로 천천히 조금씩 주시다가
때로 갑자기 넘치도록 주셨나이다.

저는 어떤 것은 받고
어떤 것은 슬그머니 버렸나니
제 손에 받아들기 너무 무거웠기 때문이었나이다.
어떤 것은 한낱 노리개로 쓰고
어떤 것은 싫증을 내고 부숴 버렸나이다.
파선한 배처럼 모든 것을 잃고 나서야
당신이 주신 선물이 헤아릴 수 없음과
선물에 가려 당신을 잊고 있었음을 깨닫나이다.
끝없는 기대가 제 마음을 소진하였나이다.

받으소서.

오, 받으소서.

이제야 '받으소서'가 저의 절규가 되었나이다.

이 걸인의 걸망에서 모든 것을 흩으소서.

이 성가신 파수꾼의 등불을 꺼주소서.

이제 제 손을 잡으시고

저를 당신 선물의 노적더미에서

왕관을 쓰지 않으신

당신 현존의 순수한 무한 안으로

저를 드높여 주소서. - 라빈드라나스 타고르

존재와 선택

C. S. 루이스는 거의 평생을 혼자 살아오다 늦은 나이에 결혼을 했다. 그의 아내는 결혼을 하기 전 이미 암 진단을 받은 상태였다.《헤아려본 슬픔》에는 루이스가 떠나보낸 아내 조이에 대한 그리움을 터져버릴 듯한 격정의 언어로 담고 있다. 분석가이자 변증가로 수많은 신학적 주제를 던져온 루이스지만, 슬픔 앞에 무너지는 분석가의 모습으로, 고통스러운 변증가로 나타난다. 그리고 처절하게 하나님과 싸운다. "한 번만 저의 기도를 들어 주십시오. 언제 제가 이런 기도를 했던가요? 사랑하는 아내를 살려주실 수 없으신가요?" 하나님은 아무런 응답이 없으셨고, 결국 아내는 죽고 말았다. 이후 가슴을 짓누르며 루이스는 이렇게 적고 있다.

그렇다면 하나님은 어디에 계시는가? … 행복할 때는 너무 행복해서 그분이 필요하다고 느끼지 못한다. … 자신을 돌아보고 감사와 찬양으로 그분께 나아간다면 하나님은 두 팔을 벌리고 맞으실 것이다. 그러나 도움이 절박할 때, 다른 어떤 도움도 모두 소용이 없을 때, 그분께 나아가 보라. 어떤 일이 일어나는가? 문은 면전에서 꽝 하고 닫히고, 안에서는 빗장을 지르고, 또 겹으로 빗장을 지르는 소리가 들린다. 그 후에 침묵이 흐른다. 차라리 돌아서는 편이 낫다. 기다릴수록 침묵은 깊어진다. … 왜 그분은 우리가 형통함을 누릴 때는 말씀하시면서, 정작 고통 가운데 있을 때는 돕지 아니하시는가?" - 루이스, 《헤아려본 슬픔》 중에서

루이스와 조이의 삶은 영화 〈섀도랜즈〉로도 조명된 바 있다. 고통에 마음이 짓무르는 경험 후 루이스는 다음같이 말한다. 영화 장면에서 루이스는 교회 강연을 시작한다.

하나님은 우리가 꼭 행복하기를 원하시지는 않는 것 같습니다. 사랑할 줄 알고 사랑 받을 줄 아는 사람이 되길, 우리가 철들기를 바라시죠. 우리를 사랑하시기에 고통을 선물로 주시는 겁니다. 귀 기울이지 않는 세상을 깨우치려고 고통이라는 메가폰을 드신 겁니다….

고통은 자비를 위한 과정이다. 그리고 인간은 고통과 죽음 앞에서 침묵하는 하나님과 부활의 신앙 앞에서 화해하게 된다. 성서 이야기를 보면 제자들이 부활하신 예수님을 부활절에 만나는 사건과

비슷한 방식으로 그리고 있다. 크리스천들은 예수님이 오르신 그 모습대로 될 것이라는 약속을 받았다. 이 이야기에서 우리가 관심을 갖게 되는 부분은 예수님의 부활에 관한 이야기 및 우리의 부활 이야기이다.

예수님의 부활은 우리의 일상적인 시간과 공간, 그 역사적 시공을 뚫고 지나간다. 그리고 전혀 새로운 존재로 부활하셨다. 예수님은 부활 후에 전혀 다른 모습으로 나타난다. 제자들이 알아채지 못할 정도의 변화를 보인다. 그러나 제자들이 알고 있던 지상의 예수님과 제자들에게 나타난 부활하신 예수님 사이에는 연속성은 있으나 변화한 것이며, 정체성은 동일하나 다른 분이시다. 제자들이 예수님이 죽으신 이후의 모습을 본 경험은 한 공간에 한정되어 있지 않다. 예수님은 더 이상 우리의 일상생활의 방식인 접촉이나 대화 형식에 묶여있지 않다. 갑자기 나타나시며 돌연 사라지신다. 예수님과 그 제자들에게 부활은 변화의 경험이다. 그리고 우리도 같은 변화를 경험한다.

바울은 부활과 관련하여 몸의 변화에 대해 말했다.

> 죽은 자의 부활도 이와 같으니 썩을 것으로
> 심고 썩지 아니할 것으로 다시 살며
> 욕된 것으로 심고 영광스러운 것으로 다시 살며
> 약한 것으로 심고 강한 것으로 다시 살며
> 육의 몸으로 심고 신령한 몸으로 다시 사니 - 고전 15:42a-44a

예수님의 부활은 몸의 부활이다. 영혼의 부활만을 전제하지 않는다. 그리고 부활의 미래는 현재와 연결되어 시공을 넘어선다. 하나님이 구원하시는 세상은 물질세계를 포함한다. 그것은 크리스천들이 꿈꾸는 부활의 모습이고 완전한 변화이다.

몸의 부활을 믿는다는 것은 완전한 변화이며 현재의 모든 가치가 보존된다고 믿는 것이다. 사람이 하나의 전인적 통일체이며 몸은 영을 통해 살며 영과 몸을 가진 사람들은 하나님이 주실 부활을 고대한다. 그것이 부활 신앙이다.

몸을 성서적으로 이해하는 것이 중요한 이유가 또 있다. 성서를 통해 볼 때 히브리식 사고에서 몸은 한계가 있고 우리를 모든 것에서 분리시키는 것이 아니다. 오히려 정반대이다. 몸은 다른 모든 것들과의 교제 원칙이다. 몸은 우리가 다른 이들과 관계하는 길이다. 몸은 우리가 다른 이들을 이해하는 방식이며 다른 이들도 몸을 통해 우리를 이해한다. 결국 몸의 부활은 다른 모든 이들과 다른 모든 피조물들과의 관계와 대화를 변화시키는 것을 말한다. 관계와 대화가 얼마나 어렵고 힘든 것인지를 알기 때문에 우리는 이런 변화를 고대한다. 부활은 어떻게 확인되는가? 부활은 '사실(fact)'이 아닌 '진리' 영역에 있다. 인생이 죽음으로 육체의 삶을 일단락 짓지만, 창조주 하나님의 사랑과 은총은 인간의 생명을 변화시켜 영생의 생명으로 인도한다.

예수님은 몸의 부활을 통해 관계를 모든 피조물들까지 확장시켰다. 부활 신앙이 예수님에게 일어난 일이 우리에게도 일어날 것이라는 것이기 때문에 우리는 내 전부가 부활하기를 소망한다. 그리고 몸의 부활을 이해한다는 것은 실상 많은 노인들이 사는 방식과 일맥상통

한다.

최근 우리나라 장례 문화로 수목장이 각광을 받고 있다. 수목장은 매장방식 중 하나로 나무 밑에 유골을 묻는 방식이다. 본래 화장을 하던 불교계에서 일부 시행되던 매장방식인데 2004년 9월에 김장수 교수의 수목장이 화제가 되면서 몇 년 만에 유행처럼 번지고 있다. 임학자인 고려대 농대 김장수 교수는 '죽어서 나무로 돌아가겠다'라는 고인의 뜻에 따라 양평의 고려대 농대 연습림의 참나무 아래에 구덩이를 판 뒤에 유골을 넣고 흙으로 덮어 수목장을 치렀다. 묘비도 없이 참나무에 '김장수 할아버지 나무'라는 푯말을 하나 단 것이 전부다. 나무로 돌아가는 자는 수백 년, 혹은 수천 년의 나무의 생명 속에 연합되어 살아가게 되는 셈이다. 살아서는 삶을 나누고 죽어서는 육신(肉身)을 나눈다.

부활은 현재다

부활은 물리적인 죽음 후에만 있지 않다. 먼 미래의 문제도 아니다. 도리어 우리 삶 속에서 현재 진행 중인 일이다. 성경은 밀알의 비유로 말한다.

> 예수께서 그들에게 대답하셨다.
> “인자가 영광을 받을 때가 왔다. 내가 진정으로 진정으로 너희에게 말한다. 밀알 하나가 땅에 떨어져서 죽지 않으면 한 알 그대로 있고, 죽으면 열매를 많이 맺는다. 자기의 목숨을 사랑하는 사람은 잃을 것이요, 이 세상에서 자기의 목숨을 미워하는 사람은, 영생에 이르도록 그 목숨을 보존할 것이다. 나를 섬기려고 하는 사람은, 누구든지 나를 따라오너라. 내가 있는 곳에는, 나를 섬기는 사람도 나와 함께 있을 것이다. 누구든지 나를 섬기면, 내 아버지께서

그를 높여주실 것이다." - 요 12:23-26

여기서 생명을 택할 것인지 사망에 이를 것인지를 결정하게 되며 그리스도의 사랑은 우리가 사망에서 생명으로 옮겨졌다는 증거가 된다. 크리스천은 그리스도인이라는 의미이다. 예수님의 경험은 크리스천의 경험의 모태가 되고 목표가 된다. 죽은 자의 부활은 파괴와 분리의 삶이 아니라 치유와 화합의 축제가 되어야 한다. 죽음의 두려움을 넘어서 치유와 화평의 자리로 옮기는 순간이 부활이다. 죽음의 불안은 이런 축제의 장으로 가는 것을 망설이게 한다. 풍요와 생명의 현장으로 가는 현장에 고통은 재해석되고 부활의 전제가 된다.

예수님의 부활과 더불어 크리스천은 성령이라는 선물을 받았다. 앞으로의 부활을 미리 경험하고 삶 속에서 경험하는 원천이 성령이다. 성령은 진리를 보여주고 삶의 자유를 제공한다. 하나님의 사랑은 지속적이고 일관성이 있다. 예수님이 죽음의 두려움을 이겼을 때 부활의 약속을 지키셨 듯, 우리는 성령을 통해 그 약속을 인증받는다. 죽음과 시간은 늘 인간의 한계를 알려준다. 그리고 성령은 이러한 한계 너머에 있는 자유와 선물을 미리 체험하게 한다.

노인들은 우리 인생이 태어나고 죽는 것의 연속이라는 것을 잘 알고 있다. 그들은 눈으로 보고 귀로 듣고 손으로 만지며 삶과 죽음을 경험했다. 부활의 방식이 어떤 것이든 부활이 새 생명의 선물을 담보로 하고 있다는 것 역시 잘 알고 있다. 여명은 칠흑 같은 어둠 뒤라 더 신비롭다. 어둠을 밝히는 빛이 기적이다. 부활은 곧 기적이다.

인간은 태어나면서 잠재적 노인이다. 노인들은 전 생애 속에서 하나님의 기적을 경험한 이야기꾼들이다. 본 것을 전하고, 들은 것을 말하며, 만진 것을 그려내는 창조자들이다. 그리고 이들은 약함 속에 숨은 강인함을 느끼며, 인내 끝에 오는 빛을 보고, 고통 속에서 강해지는 사랑을 체험한다. 이는 크리스마스의 기적이며, 부활의 기적이다. 이것이 인간의 희망이며, 노년에 주시는 하나님의 은혜다.